GLI SPECCHI

Luca Zaia

I pessimisti non fanno fortuna

La sfida del futuro come scelta

Marsilio

Prima edizione: novembre 2022
ISBN 978-88-297-1823-8
www.marsilioeditori.it
Realizzazione editoriale: Studio editoriale Littera, Rescaldina (MI)

I PESSIMISTI NON FANNO FORTUNA

Introduzione

Il cigno nero era un animale un tempo sconosciuto in Europa, nessuno ne sospettava neanche lontanamente l'esistenza. Il colore candido del piumaggio degli esemplari che si era abituati a vedere era così emblematico di questa specie da far scartare a priori la possibilità che ne esistessero varietà diverse. Fu solo alla fine del XVII secolo che il cigno nero venne scoperto in altre zone del pianeta, mandando in soffitta le convinzioni fino a quel momento consolidate. A renderlo celebre ha contribuito in tempi recenti il matematico statunitense di origine libanese Nassim Nicholas Taleb, che ne ha fatto una potente metafora associata a quegli eventi di enorme portata che si verificano inaspettatamente e che, per l'impatto e la vastità delle loro conseguenze, finiscono per giocare un ruolo determinante nella storia, incidendo su ogni ambito dell'agire umano, dalla scienza all'economia, dalla tecnica alla cultura.

In una sequenza tanto ravvicinata quanto sconvolgente, nell'ultimo biennio abbiamo visto materializzarsi ben due cigni neri: a febbraio del 2020 iniziava la lotta contro il coronavirus, purtroppo non ancora conclusa come vorremmo, e a febbraio del 2022 scoppiava la guerra in Ucraina con l'aggressione militare da parte della Russia. Esattamente un anno fa nutrivamo la speranza di trovarci davanti agli ultimi colpi di coda di una terribile pandemia, che tanti lutti, tante sofferenze e ripercussioni sociali ed economiche ha arrecato a tutti noi. Forti dello spirito di comunità riscoperto nei giorni peggiori del lockdown, eravamo convinti di vedere ormai la luce in fondo al tunnel e che avremmo presto superato anche i contrasti che cominciavano ad affacciarsi all'orizzonte. Invece non abbiamo neanche avuto il tempo di tirare il fiato che ci siamo ritrovati con una tragica guerra alle porte.

Nell'affrontare questa ennesima emergenza, da cittadino e da amministratore, ancora una volta si sono rivelati preziosi i ricordi che mi appartengono, ma che sono patrimonio condiviso di chi ha fatto esperienza delle tante situazioni, più o meno difficili, che hanno messo alla prova il nostro paese e il mondo intero. Questo tuffo nel passato si è rivelato una guida utile per mettere in prospettiva ogni timido tentativo di considerazioni sul futuro, con la consapevolezza del camminatore, del viandante che si sofferma a guardare indietro al tratto compiuto per capire come meglio proseguire. Se da sempre le considerazioni frutto della memoria sono una chiave di lettura degli eventi, ancora di più davanti a queste svolte epocali hanno il sapore di un bilancio necessario per prendere atto della strada fatta e poter definire la rotta da impostare.

«I pessimisti non fanno fortuna» è una massima che ripeto spesso anche in pubblico e che appartiene da sempre a quello che è il lessico famigliare di casa mia, sintesi di un messaggio che invita a guardare al futuro senza paura. Cos'è il pessimismo, infatti, se non il timore di quello che può accadere, un sentimento che, disponendo subito a prevedere il fallimento di ogni impresa, finisce per condizionare negativamente qualsiasi possibilità di riuscita? È un'opzione che non possiamo permetterci, l'ultimo atteggiamento di cui ha bisogno la nostra comunità di fronte alle nuove sfide che la attendono e che sono altrettanto dure rispetto a quelle in cui è già impegnata.

Provati dal confronto quotidiano con la realtà di un mondo che cambia a una velocità forsennata, stiamo vivendo una svolta importante della nostra storia. Possiamo forse permetterci di affrontarla con la pur legittima resistenza a guardare il nostro futuro con ottimismo?

Mi rendo conto che dire che i pessimisti non fanno fortuna possa sembrare azzardato e in qualche modo indelicato in un momento storico in cui sono tanti i giovani, i lavoratori, gli anziani, le famiglie che non riescono a sbarcare il lunario. Ma proprio perché si fa sentire la tentazione di cedere alla stanchezza, allo scoramento, alla convinzione che le cose possano solo peggiorare e che non c'è modo di evitarlo, all'assenza di speranza e all'impossibilità di vedere un domani, trovo che la politica e le istituzioni siano tenute a dare l'esempio e soprattutto delle risposte. È necessario, innanzitutto, chiedersi e capire quale ruolo debbano avere in una situazione simile.

La prima risposta che mi sento di proporre è che la politica è chiamata a tutelare le libertà legittime, non a limitarle. La seconda, strettamente conseguente, è che mai come in questa fase storica è indispensabile concentrarsi sui problemi reali che incombono sul paese. È il momento più adatto per prendere definitivamente coscienza della necessità di superare quella contrapposizione ideologica che finora ha dimostrato solo di creare una spaccatura tra i cittadini, con l'unico risultato di produrre un immobilismo pericoloso perché in grado di frenare l'emancipazione reale, la crescita, il progresso del nostro paese.

Fino a oggi, infatti, la politica ha accettato il rischio che le differenti idee su vari temi determinino l'acuirsi di un conflitto sociale. Una minaccia per il raggiungimento di quella coesione tra i cittadini che, pur nel rispetto della legittima diversità di pensiero, è il vero catalizzatore dello spirito di comunità indispensabile per ripartire e per disegnare un presente su cui fondare il futuro. Un obiettivo che resterà un'utopia se continueremo a disperdere le energie, decisive per il lavoro ancora da fare sulle mille questioni divisive che sono altrettanti focolai perenni di ulteriore frammentazione sociale. Penso, ad esempio, ai temi etici, quelli che riguardano la sfera più intima della persona e su cui le istituzioni hanno il dovere di fornire chiare indicazioni, tenendo fermo, come riferimento assoluto, la libertà del singolo.

Sono cronaca di tutti i giorni, e spesso solo oggetto di speculazione politica, invece, gli accesi dibattiti che radicalizzano le posizioni e producono l'effetto deleterio di contrapporre le coscienze in una logica da «schieramento» che le incasella come «di destra» o «di sinistra». Una contraddizione nel momento stesso in cui riconosciamo che si tratta di questioni eminentemente etiche, da cui qualunque connotazione ideologica dovrebbe essere esclusa.

Del resto è lungo l'elenco degli argomenti su cui i cittadini hanno dimostrato di aver ormai superato gli steccati ideologici, al contrario della politica. Penso al «fine vita», alle nuove famiglie, all'immigrazione, all'ambiente e alla sostenibilità. Davanti alla nebulosità normativa, alla lentezza pachidermica di tanti percorsi parlamentari e legislativi, la maggioranza dei cittadini ha già dato risposte chiare con consapevolezza e maturità, svuotando di senso lo scontro a cui invece ancora assistiamo in tante inutili dispute. È capace, la politica, di cogliere il messaggio che giunge dai cittadini, e cioè che non deve fomentare contrapposizioni su quanto va mantenuto nella sfera delle coscienze, soprattutto in una fase in cui non possiamo permetterci di non essere coesi?

Mi sono sempre ritenuto un amministratore e non è mia consuetudine parlare di politica in senso stretto. Ma proprio grazie al mio contatto con i cittadini percepisco che certe etichette che attribuiscono alla destra o alla sinistra temi che spettano alla coscienza del singolo sono ormai superate.

Il centrodestra si riconosce in forti valori propri, alcuni irrinunciabili, ma ha il dovere di capire la differenza tra solide radici e facili dogmi. La tentazione di rifugiarsi in questi ultimi non è concessa nel momento in cui si deve pensare al futuro di questo paese con progetti seri. Una tentazione dietro cui si cela il rischio di farci scivolare in un certo tipo di pensiero che rasenta il fondamentalismo. Trent'anni fa il mondo non era quello di oggi e tra altri trent'anni sarà ancora diverso. In chiave solidamente liberale, dobbiamo interessarci al domani con un progetto di modernità. Non possiamo esimerci dall'addentrarci in alcune «*no fly zone*» e lasciarle appannaggio di altri. La paura di evolvere è sempre un errore, perché significa non dare a tanti cittadini quelle risposte che si attendono da noi.

È indispensabile un clima di coesione sociale per disporci ad affrontare tanti problemi che reclamano una soluzione, per poter ripartire e farlo con un approccio positivo e sereno, pronti a mettere in comune energie e idee.

La guerra contro l'Ucraina ci ha sconvolto come forse nessun altro evento di cui le nostre generazioni abbiano memoria. È vicina a casa nostra, bussa alle nostre porte, facendosi sentire, oltre che per l'impulso umanitario che istintivamente suscita, anche con ricadute significative sulla nostra economia.

Ma la storia non finisce qui e ora, e ci sarà una nuova alba. Le atrocità a cui assistiamo proiettano ombre minacciose sul nostro avvenire e potrebbero indurci a guardare con sospetto il futuro di un mondo la cui unica certezza è che non sarà più lo stesso.

Dunque, di fronte al cambiamento possiamo scegliere di essere «gli ultimi di un prima» o «i primi di un dopo». Che ci piaccia o no, gli eventi di questi ultimi anni hanno imposto un'accelerazione senza precedenti ai mutamenti, definendo uno scenario destinato con tutta probabilità a diventare spartiacque tra due epoche. Possiamo scegliere di subirlo, possiamo illuderci di contrastarlo, possiamo decidere di governarlo con tutte le probabilità di successo che ci assicura il nostro essere comunità, con il suo patrimonio. Un patrimonio in cui è presente la memoria di tutte le esperienze dure e difficili, a volte ritenute insuperabili, che la nostra gente ha affrontato guardando sempre avanti. L'ottimismo non ci assicura il successo, ma fa la differenza tra chi preferisce rendersi protagonista dell'apertura di una nuova epoca e chi invece si ancora senza via di scampo alla fine di un'altra.

Erano gli anni novanta quando ho sentito parlare per la prima volta di internet, e non certo nei termini di oggi. Un insegnante lo liquidava come «un'americanata per spremere soldi alla gente: non avrà futuro». Forse in quel periodo erano in tanti a crederlo, ma quel che è grave è che a pronunciare queste parole sia stata una persona a cui la comunità aveva affidato il ruolo più importante, quello di educare i giovani. Di fronte a tutti i segnali di cambiamento che cogliamo, non possiamo compiere l'errore di quella persona.

Abbiamo il dovere di recepire e seguire con attenzione gli stimoli che provengono dalle generazioni più giovani. Lo dico da boomer – o meglio, da uno che per pochi anni rientra nella Generazione X ma condivide con i boomer la stessa visione del mondo – che si confronta ogni giorno con i Millennials.

Ottimismo non significa soltanto pensare ai giovani, ma vedere il mondo con uno sguardo giovane, consapevoli che sono loro che daranno forma al nostro futuro, e dunque sono anche i più titolati a indicarci la via. I cambiamenti che dovremo interpretare devono essere «a loro misura». Sono le nuove leve della società che hanno in mano il futuro, ed è sempre stato così. In effetti, dove saremmo se avessimo dato ascolto alla previsione di quell'insegnante su internet? Che cosa sarebbe successo se a disegnare il progresso fosse stata la sua visione così miope? Come potremmo affrontare oggi la rivoluzione digitale, con i relativi pericoli e limiti, ma anche con tutte le possibilità che porta con sé?

Storicamente i grandi rivolgimenti hanno sempre messo in qualche modo a soqquadro le nostre vite, ponendoci di fronte alla necessità di adeguarci a quello che prima non conoscevamo. Se la perplessità o lo smarrimento sono comprensibili e talvolta necessari come forme di pensiero critico, andare avanti verso il futuro non è una scelta ma una necessità. Non sono bastate guerre, epidemie, rivoluzioni e le più temute innovazioni della storia a fermarne il corso. Non saranno due cigni neri a determinare il blackout dell'umanità.

1.
Il tempo della guerra

Durante gli anni dell'università, a Udine, dividevo la casa con altri tre studenti. La parola «casa» è un eufemismo perché non credo di aver mai visto una sistemazione più precaria di quella, nemmeno quando passavo le notti sulle sdraio in spiaggia durante i primi viaggi da ragazzo, senza un soldo in tasca, alla scoperta del mondo.

Era un appartamento nel capoluogo friulano, collocato in un edificio dall'aspetto estremamente trascurato. Se l'esterno non era certo invitante, l'interno rischiava di esserlo ancora meno, con la muffa che affiorava da tutte le parti e i muri sbrecciati: un alloggio di due stanze, bagno e cucina. Era stato il prezzo conveniente ad attrarci: giovani e desiderosi di arrivare presto al traguardo della laurea, la nostra priorità non era certamente investire in un alloggio di lusso. Quello era adatto a noi, soprattutto in considerazione del poco tempo che trascorrevamo in casa. Né ci interessava il mobilio: eravamo in due per camera, una con due reti metalliche, l'altra con i materassi per terra; a me toccò il pavimento. In quell'abitazione fatiscente ma che si adattava alla perfezione alle nostre necessità, avevamo trovato un televisore, anche quello, a dir poco, sgangherato. Non potevamo nemmeno lontanamente immaginare che un giorno sarebbe arrivato internet né che si sarebbe diffuso fino a diventare alla portata di chiunque. Il nostro «ponte» con il mondo esterno era quella tv, da cui seguivamo i notiziari e ci concedevamo qualche programma la sera. La tenevamo in cucina, appoggiata su una sedia di quelle che negli anni sessanta e settanta erano state icona di un certo benessere ma che nel mio periodo universitario erano ormai soltanto segno di un arredamento arretrato. Era di quelle con la seduta e lo schienale in formica su un telaio di metallo nichelato, che con il tempo finiva inevitabilmente per ossidarsi e ricoprirsi di macchie scure.

Quel tutt'uno sedia-televisore è rimasto indelebile nella mia mente, non tanto come simbolo di quel periodo spensierato da studente fuori sede, ma per l'evento storico di cui ci ha resi partecipi. È da quello schermo obsoleto, infatti, che ho visto per la prima volta scoppiare una guerra «in diretta».

Era il gennaio del 1991. All'inizio di agosto dell'anno precedente l'Iraq di Saddam Hussein aveva invaso il Kuwait, suscitando reazioni diplomatiche in tutto il mondo. La situazione internazionale, sotto la guida di George Bush, sembrava avviarsi ogni giorno di più verso l'intervento militare a fronte della caparbietà irachena nel rivendicare come suo diritto l'invasione dello Stato del Golfo Persico. Le discussioni anche tra noi giovani ruotavano tutte attorno all'attualità di quelle settimane. Il giorno in cui è scaduto l'ultimatum delle Nazioni Unite al dittatore iracheno, eravamo tutti col fiato sospeso, dominava una sensazione generale di ansia e di attesa. Un'attesa spezzata improvvisamente dall'annuncio, nella notte italiana, che era iniziata l'operazione Desert Storm con cui le truppe della coalizione intendevano liberare il Kuwait. Contemporaneamente le immagini del conflitto e dei bombardamenti su Baghdad cominciavano a essere diffuse.

Per la prima volta in vita mia, a quasi ventitré anni, la guerra cessava di essere un racconto che ascoltavo dal nonno o da altri adulti. Non era più nemmeno un evento di cui venivo a conoscenza attraverso i reportage degli inviati o studiando sui libri di storia. Mi arrivava in casa, con le immagini in diretta delle esplosioni che illuminavano il cielo iracheno o dei mezzi corazzati che sfidavano il deserto.

Appartengo a una generazione cresciuta con i racconti della guerra vissuta dai nonni, che la descrivevano con episodi e vicende ben circostanziati e molto vividi. Solo da adulto avrei compreso appieno in quale fase delicata si trovava la nostra società quando sono venuto al mondo, nel 1968: a poco più di una ventina d'anni dalla fine del secondo conflitto mondiale e agli albori della grande contestazione studentesca, nel pieno degli effetti del boom economico, ma in un contesto sociale in cui ancora non erano state superate le ferite della guerra.

Nei nostri paesi, infatti, erano ben presenti i segni lasciati da quella tragedia: in non poche famiglie c'era un congiunto che non aveva mai fatto ritorno dalla Russia, dalla Grecia, dalla Jugoslavia o da qualche altro fronte. Quando ci ritrovavamo tra noi ragazzi, nessuno si sarebbe stupito se qualche coetaneo avesse detto di non aver conosciuto il nonno perché era uno dei tanti caduti o dispersi tra il 1940 e il 1945.

Anche i segni della guerra civile che ha caratterizzato gli ultimi due anni del conflitto erano noti. Non era un mistero, infatti – anche se l'argomento era trattato dai più come qualcosa da lasciare sottotraccia –, il motivo per cui c'era gente che dopo anni si guardava ancora di traverso; a volte anche persone provenienti dallo stesso nucleo familiare. All'origine dell'ostilità c'erano vecchie ruggini che risalivano agli anni di quella che era stata la Resistenza per gli uni e l'ultima esperienza del regime fascista per gli altri. Le scelte fatte in gioventù in quei tempi tribolati sembravano essere rimaste come un marchio per tanti, così come i ricordi di molte tragedie. Nelle zone da cui provengo era ancora nella memoria comune il ricordo delle deportazioni e delle rappresaglie compiute dai tedeschi e dai reparti fascisti, ma non erano state dimenticate nemmeno le stragi del Bus de la Lum, una foiba sull'altopiano del Cansiglio, che erano attribuite a bande partigiane.

Sapevamo anche di qualcuno che parlava veneto come noi ma con un accento marcatamente diverso, che testimoniava come tra gli effetti peggiori della guerra ci fosse anche la scelta di libertà di coloro che avevano preferito la via dell'esodo, per non restare vittime dell'odio etnico scatenato dalle bande titine nelle regioni orientali dell'Adriatico. A scuola, ai miei tempi, non si parlava delle foibe, dramma che per decenni è stato ignorato fino all'istituzione per legge del Giorno del Ricordo. Mi sono reso conto in seguito di quale dramma abbiano rappresentato le foibe e l'esodo. In particolare conoscendo di persona tanti esuli giuliani e dalmati che, abbandonando la propria casa, gli affetti, i beni e le amicizie, hanno scelto il Veneto per continuare liberi la loro vita; il segno di un antico legame che risale ai tempi della Serenissima. Da presidente della Regione, ogni anno in questo giorno dedico a loro un messaggio, così come faccio nel Giorno della Memoria per ricordare tutti i cittadini ebrei perseguitati dal nazifascismo e vittime dell'Olocausto. Soffermarsi per riflettere sugli orrori del passato è il modo migliore per apprendere il vero insegnamento della storia. Onorare le vittime di simili tragedie non è e non deve essere un atto politico, ma l'espressione di una memoria e una coscienza condivisa che impone il rifiuto e la condanna di qualsiasi sistema che si organizza sull'odio razziale ed etnico o sulla persecuzione a danno della libera e civile convivenza. Sono convinto che conservare la memoria di fronte agli orrori della storia sia l'unica arma per neutralizzare tentazioni di minimizzare, negare o rileggere la vera portata di quegli eventi.

Da un conoscente che aveva preso parte alla Resistenza come partigiano avevo ascoltato qualche racconto diretto della guerra combattuta alla macchia. Racconti che parlavano di rapidi scontri a fuoco, sabotaggi, fughe nell'incalzare dei rastrellamenti e nascondigli tra le montagne e nella campagna. Ma nella mia famiglia dominava soprattutto l'eredità tramandata da mio nonno Enrico, che aveva vissuto la realtà delle trincee della grande guerra. Pur avendo avuto la fortuna di non essere richiamato nella seconda per motivi anagrafici, non aver dovuto indossare un'altra volta la divisa non lo ha salvato dai drammi di quel momento storico. Si è ritrovato a vivere, infatti, la devastazione che, in quegli anni, non ha risparmiato i civili. Insieme ai suoi familiari ha patito la fame, la carestia, il terrore delle retate, delle rappresaglie, delle uccisioni e dei saccheggi, i mitragliamenti dagli aerei su tutto ciò che si muoveva; anche persone inermi in sella a biciclette sulle strade sassose di campagna.

Attraverso quei ricordi, gli adulti trasmettevano a noi bambini non soltanto le paure legate a situazioni drammatiche e alle privazioni sofferte, ma anche un'attenzione ossessiva verso tutto quello che poteva rappresentare una forma di risparmio e oculatezza nella gestione dei beni di qualsiasi genere. Derivava dal senso del pericolo, sempre incombente, che avevano sperimentato sulla loro pelle e che non li avrebbe mai abbandonati, imponendo loro di vivere sempre con del «fieno in cascina», pronti a ogni eventualità.

Fin da bambino, quindi, mi è stato ripetuto che la guerra è identificabile con l'orrore che incarna, con i lutti che porta con sé, la rovina di esistenze e intere famiglie, associata alla miseria, alla difficoltà di sostentamento e a tutte quelle forme di povertà che ruotano intorno alle restrizioni belliche nonché a una condizione permanente di emergenza. Ho sempre colto in coloro che avevano attraversato gli anni del conflitto e quelli non meno complicati che seguirono, una volta raggiunto il silenzio delle armi, la coscienza di aver vissuto una crisi epocale. Mi sembrava portassero addosso i segni indelebili di un grande trauma. Ma, proprio per questo, mi sono convinto di avere a che fare con persone che, in qualche modo, avevano tratto forza e slancio da quella esperienza: la «crisi» ha lasciato in loro una grande consapevolezza su quali fossero davvero le cose importanti, insieme alla capacità di superare prove tanto dure.

Questa consapevolezza ha rappresentato una specie di difesa, un argine fondamentale per far fronte alle difficoltà, che si è poi trasmesso alla generazione dei miei genitori e ha garantito la «tenuta» di tutta la società nelle successive avversità che pure non sarebbero mancate nel corso dei decenni.

Penso, ad esempio, che dalla memoria non remota di quelle prove derivino la forza d'animo e il senso di coesione con cui si rispose tutti insieme alle ricadute delle guerre tra arabi e israeliani e della crisi energetica nel 1973; uno dei primi grandi eventi di cui ho memoria. Ero solo un bambino, infatti, quando ho sentito pronunciare per la prima volta un termine che sarebbe poi diventato familiare e sarebbe entrato nei libri di storia: «austerity». Un termine inglese che ben riassumeva i provvedimenti adottati nel mondo occidentale per contenere il consumo energetico a seguito di una grande crisi internazionale. Troppo piccolo per comprendere la portata di simili eventi, ricordo, però, la preoccupazione dei miei genitori in un momento peraltro già segnato da vicende inquietanti e di forte tensione per la vita del nostro paese.

Se ripenso alle immagini che all'epoca riuscivo a cogliere dai notiziari, la situazione non sembrava poi tanto diversa da quella dei paesi oggi teatro di fermenti sociali e attentati terroristici ben più gravi. I governi si scioglievano come neve al sole da un giorno all'altro, l'inflazione galoppava. Fortunatamente nei cittadini era ancora vivo il senso del dovere e del sacrificio, e dunque dell'impegno e del lavoro, che si accompagnava a un aspetto non certo secondario: la consapevolezza di aver vissuto la guerra e le sue atrocità. Sono convinto sia stata quella la risorsa più preziosa a cui attingere per gli adulti degli anni sessanta e settanta, le generazioni nate prima o durante la seconda guerra mondiale.

Intuivo che si trattasse di qualcosa di grave dalle loro facce serie quando ragionavano sulla situazione, ma non dimentico di aver sentito ripetere tante volte che non bisognava perdersi d'animo perché si erano già attraversati e superati anni difficili, molto più di quelli che si stavano vivendo. Anni in cui i nostri nonni erano stati costretti a emigrare, in cui ogni giorno poteva essere l'ultimo e si sfidava continuamente la sorte anche solo uscendo di casa con il rischio di imbattersi in un nemico.

Sarebbe arrivata poi un'altra epoca, in cui la necessità di risollevarsi dalla miseria avrebbe indotto molti a ripartire da zero riuscendo a contare solo su due cose: la forza delle braccia e la spinta dell'ottimismo.

Non credo di sbagliare quando dico che i giorni dell'austerity hanno trovato una popolazione che non si è lasciata intimorire, fiduciosa e, in qualche misura, preparata a quei sacrifici. Come se ci fosse, appunto, un senso delle proporzioni che aiutava a riconoscere la reale entità di quanto si stava vivendo proprio perché ci si rendeva conto di aver già superato tempi peggiori.

In quel periodo, in cui ogni famiglia cominciava a disporre di almeno un'utilitaria o di un mezzo commerciale da usare per il lavoro, le auto non potevano circolare o potevano farlo a targhe alterne. La domenica, le strade erano talmente deserte che alcuni ne approfittavano per andare a correre in bicicletta o con i pattini in autostrada. In un periodo in cui il traffico cominciava a contraddistinguere anche i nostri centri, la gente ha riscoperto il piacere di invadere a piedi le città e incontrarsi per strada come non succedeva dagli anni prima del boom. Per la mia famiglia, in cui tutti avevamo la passione dei cavalli, sono state occasioni irripetibili per le uscite in calesse sfruttando l'assenza di veicoli a motore, come se fossimo tornati indietro nel tempo.

Per un certo periodo anche i locali pubblici avevano ridotto gli orari di apertura serali, ma non penso che quel provvedimento abbia colpito la maggioranza della popolazione. Almeno dalle mie parti, infatti, cinema e teatro erano ancora vissuti per lo più come un lusso per pochi, soprattutto in provincia.

La preoccupazione generale però era palpabile, specie perché si sommava ai timori per il fenomeno del terrorismo, che si stava intensificando e che avrebbe segnato le nostre vite per tutti gli anni settanta, con strascichi importanti nei primi anni del decennio successivo.

Una situazione che ha messo di fronte a una cruda realtà: italiani che uccidono altri italiani. Durante la guerra era già successo, ma lì ci si trovava in un clima di violenza efferata, in cui gli animi si misuravano ancora con la fine di un regime dittatoriale durato vent'anni. Pensare che potesse avvenire in tempo di pace, di benessere e di crescita sociale stupiva già all'epoca e lascia increduli ancora oggi. Eppure era la realtà.

Al tempo non potevo saperlo, ma quelli erano gli anni in cui si era da poco raggiunto l'apice del boom economico e gli effetti positivi cominciavano a diventare evidenti, a tutti i livelli. Sul piano dei rapporti internazionali, stavamo vivendo i vantaggi del periodo di pace a cui tutti aspiravano dopo quei conflitti cruenti. L'ottimismo tipico della nostra gente era allora rafforzato da un quadro generale di armonia e benessere. Dall'Estremo Oriente arrivavano echi di guerre sanguinose, a ricordare che l'attrito tra i due blocchi internazionali non era rappresentato solo dal braccio di ferro lungo il muro di Berlino. Ma quegli echi lontani sembravano non influire sulla vita di ogni giorno, se non per i dibattiti che scatenavano e i cui riflessi ci arrivavano tramite i media, i libri e le canzoni che davano voce al pensiero pacifista.

Il boom e la crescita frutto di tre decenni di pace in Europa, di democrazia e di ricostruzione avevano permesso anche al nostro paese di superare faticosamente le avversità e, con esse, tante paure. Negli anni settanta, invece, ci siamo ritrovati di punto in bianco, a un trentennio dai giorni più funesti della guerra civile, davanti alla realtà disarmante della violenza diffusa e del sangue per le strade.

A dieci anni ero nell'età in cui si comincia a rendersi conto quando ci si trova davanti a passaggi epocali, e l'immagine più rappresentativa per me, come per molti della mia generazione, è senza dubbio il cadavere di Aldo Moro ritrovato in via Caetani a Roma nel bagagliaio di un'auto, associata a quelle delle fototessere, diffuse dai media, degli uomini della sua scorta, massacrati alcune settimane prima durante il rapimento in via Fani. Confesso di provare ancora una grande impressione ogni volta che si ripercorre l'elenco dei nomi di chi ha perso la vita in quel periodo passato alla storia come «anni di piombo», e che sentivo scandire nei tg. Allora i «comunicati» erano trasmessi praticamente due sole volte al giorno – all'ora di pranzo e alla sera – ed erano diventati il resoconto di un drammatico bollettino, accompagnato da immagini di morte che oggi troveremmo raccapriccianti e forse sarebbero ritenute non pubblicabili.

Se contiamo tutte quelle persone uccise, se pensiamo alle stragi, alle gambizzazioni, viene spontaneo associarle a una guerra, che come tale ha avuto anche i suoi eroi, oggi purtroppo non sempre ricordati come sarebbe opportuno.

Penso, ad esempio, al mio conterraneo Guido Rossa, originario di Cesiomaggiore, in provincia di Belluno, morto nel gennaio del 1979 e alla cui memoria il presidente Pertini ha concesso la medaglia d'oro al valor civile. Operaio e sindacalista a Genova, non esitò a denunciare le infiltrazioni delle Brigate Rosse nel suo stabilimento, pagando il suo coraggio e il suo senso civico con la vita. Il suo nome, assurto a simbolo di una ribellione contro la logica della violenza, ha rappresentato l'espressione più vera dei sentimenti dei cittadini veneti in un periodo in cui la nostra regione, suo malgrado, fu anche teatro di episodi terroristici. Vicende dolorose, legate sia all'eversione di estrema sinistra – basti pensare che nel giro di pochi mesi, tra il 1980 e il 1981, a Marghera vennero uccisi per mano brigatista il direttore e il vicedirettore del Petrolchimico, Giuseppe Taliercio e Sergio Gori, e, tra i due omicidi, vi fu quello del commissario di polizia Alfredo Albanese – sia a quella di estrema destra, con lunghe indagini che hanno portato alla cattura degli autori di stragi in cui morirono decine di innocenti.

Come tutte le guerre, anche quella aveva il suo generale simbolo. Tra i discorsi degli adulti spiccava in particolare un nome verso cui percepivo rispetto e ammirazione: quello del generale Carlo Alberto Dalla Chiesa. Come è noto, avrebbe trovato la morte con la giovane moglie e l'agente di scorta nel 1982 a Palermo, dove era arrivato in veste di superprefetto per combattere un'altra guerra, quella contro la mafia. Per la mia generazione ha rappresentato il volto stesso delle istituzioni senza paura, dedito al rispetto della legalità, poi seguito, in questa tragica galleria di icone, dai giudici Giovanni Falcone con la moglie Francesca Morvillo e Paolo Borsellino, anche loro caduti sotto i colpi di Cosa Nostra insieme ai componenti delle scorte.

Dalla Chiesa rappresentava all'epoca un riferimento rassicurante per tutti quei cittadini che vivevano quella drammatica stagione segnata dall'estremismo ideologico violento e illiberale come un rischio per la tenuta del paese. In gioco infatti, oltre alla sicurezza dei cittadini, c'era anche quella del tessuto produttivo: alcuni grandi imprenditori stavano iniziando a convincersi che fosse opportuno spostare la produzione al di fuori dei confini nazionali. Quella tentazione era la conseguenza della paura dei rapimenti, delle gambizzazioni, e di una generale diffidenza verso un paese che da un momento all'altro avrebbe potuto ritrovarsi allo sbando. La stabilità politica non era affatto scontata e, come se non bastasse, a indebolire la comunità, dal punto di vista economico e morale, avevano contribuito calamità come il terremoto del Friuli nel 1976 e quello in Irpinia nel 1980. Due eventi disastrosi, ma che tra tanta desolazione e rovina sono stati il terreno su cui ha potuto germogliare una delle esperienze più positive nella storia del nostro paese: la creazione della protezione civile, che si sarebbe fatta onore in tutte le più gravi necessità sorte nei decenni successivi e che sarebbe stata presa a modello da molte organizzazioni all'estero.

Da amministratore che conosce da vicino questa struttura e l'ha vista entrare tempestivamente in azione, intervenendo in mille occasioni sul territorio, posso dire che la ritengo un'ulteriore conferma di come anche nelle peggiori esperienze si possa scegliere di non limitarsi a gestire la contingenza ma, senza mai smettere di guardare in faccia la realtà, pensare con speranza al futuro mettendo a frutto un vissuto, per quanto doloroso.

Quell'istituzione, che tanta efficienza avrebbe dimostrato in seguito, è sorta in anni che promettevano ben poco. In particolare il sisma del Friuli era avvenuto in un momento in cui la tensione politica era alle stelle. Poco più di un mese dopo, il paese sarebbe stato convocato alle urne in un clima in cui si paventava il sorpasso del Partito comunista sulla Democrazia cristiana. Erano gli anni della guerra fredda che sembrava non dovesse avere fine, e quell'eventualità era vissuta come il pericolo che avrebbe compromesso la democrazia in cui vivevamo, negando la libertà, come avveniva nei paesi in mano a regimi comunisti. I gulag in Siberia, i progetti di rieducazione, i lavori forzati e le persecuzioni dei dissidenti erano ancora una realtà negli anni della mia infanzia al di là della cortina di ferro e del muro di Berlino. Un modello a cui i vertici dell'Unione Sovietica non solo non volevano rinunciare, ma che sembravano intenzionati a esportare con la forza. Dopo l'intervento armato a Budapest, a Praga e in altre città dell'Est, i carri armati con stella rossa, falce e martello avevano invaso l'Afghanistan alla fine del 1979. Frequentavo le medie e, pur continuando a preferire il gioco, cominciavo ad andare al di là dei confini segnati dal binomio famiglia-scuola, iniziando a interessarmi anche a quello che fino a poco prima era considerato il mondo degli adulti.

All'epoca, la comunità internazionale non immaginava ancora che il comunismo sarebbe stato travolto dalla storia al volgere degli anni ottanta. Ormai sedicenne, non mi sorprese più di tanto la diserzione delle Olimpiadi del 1984 a Los Angeles con cui i paesi del blocco comunista ricambiarono il boicottaggio degli Stati Uniti ai Giochi di Mosca del 1980. Seguendo la diretta televisiva dell'inaugurazione di Los Angeles, rimasi però colpito dall'esultanza con cui il pubblico aveva accolto sugli spalti la delegazione degli atleti della Romania, unico paese dell'Est a presentarsi all'appuntamento trasgredendo gli ordini di Mosca. Ho ripensato spesso a quelle immagini collegandole poi alla caduta del comunismo, quando il romeno Nicolae Ceauşescu, nel 1989, fu l'unico leader dell'Europa orientale a pagare con la fucilazione il crollo del socialismo reale. Un modello totalitario che si era diffuso nel mondo e che, in quello stesso anno, qualche mese prima, aveva dato a Pechino un grande colpo di coda con la repressione nel sangue delle manifestazioni di piazza Tienanmen. Quell'episodio, per la mia generazione, resta una delle più alte testimonianze del valore della libertà di un popolo e del coraggio di difenderla, che prende corpo nell'immagine di un giovane, il cui nome è rimasto sconosciuto, il quale, armato solo di due buste della spesa, sbarra la strada a una colonna di mezzi corazzati. Nella mia mente ho ritrovato l'immagine di quel ragazzo alcuni mesi dopo, il 9 novembre

1989, mentre altri giovani, questa volta in festa, superavano il muro di Berlino.

Con quelle immagini ancora negli occhi e quei pensieri nella mente, proprio nel momento in cui si credeva superata la logica della contrapposizione per blocchi internazionali, quella sera del gennaio 1991 a Udine, da studente, davanti a quel televisore mi trovai di fronte a un altro tornante della storia: la guerra ci entrava in casa in diretta.

Mi sono chiesto più di una volta quale modello di futuro abbia anticipato la voce di Peter Arnett della CNN mentre dava le notizie sotto le bombe o il bollettino del generale Norman Schwarzkopf a cui chiunque di noi poteva assistere come se fosse uno dei tanti giornalisti della stampa accreditata.

Alla mia generazione, «graziata» dall'orrore della guerra – come amava ripetere nonno Enrico –, quella diretta impartiva una dura lezione: non solo la guerra esisteva ancora e non era stata scongiurata per sempre, ma poteva toccarci di nuovo da vicino.

La guerra del Golfo con le sue dirette, con la condivisione degli eventi in tempo reale, ha segnato una svolta: a fronte di un'informazione istantanea e universale, le ricadute sono globali e si moltiplicano in maniera esponenziale, riflettendosi immediatamente sui sentimenti delle persone, alimentandone soprattutto la paura.

Nonostante le centinaia di conflitti che si sono succeduti in tutto il mondo dal 1945 a oggi, quella del Golfo è stata di fatto la prima guerra che le generazioni postbelliche hanno vissuto in diretta. E sebbene, per certi aspetti, si sia consumata in tempi relativamente rapidi, la presa sull'immaginario è stata definitiva, con i lampi delle esplosioni nella capitale irachena che hanno preso subito posto accanto alla fotografia del fungo di Hiroshima che avevamo visto sui libri di scuola.

La consapevolezza che ci ha raggiunto quella sera non mi ha più abbandonato, e purtroppo è diventata patrimonio comune di tutti noi: in ogni momento avremmo potuto ritrovarci di fronte a immagini simili, anche più vicine.

E così è stato. Avremmo vissuto le guerre jugoslave, geograficamente non così distanti da noi, una lunga serie di conflitti che si sono protratti per un decennio, cosicché avremmo quasi finito per abituarci a quelle scene che tanta presa mediatica avevano avuto sullo spettatore al tempo di Baghdad.

Mi sono domandato spesso se la condivisione in tempo reale di immagini di morte sotto le bombe, o il fatto che a ogni bombardamento si accompagni ormai sempre un bombardamento di immagini direttamente nei nostri salotti, possa creare le condizioni perché si «normalizzi» la realtà dell'esperienza più terribile per interi popoli. È possibile che si arrivi a una sorta di assuefazione tale da annullare per sempre ogni coinvolgimento nel dolore degli altri? Quanto questa esposizione totale e permanente, a lungo andare, può incidere sulle nostre reazioni di fronte all'orrore?

Domande che anche oggi si impongono alla mia attenzione mentre ogni giorno ci misuriamo con il conflitto tra Russia e Ucraina, scoppiato mentre ancora siamo immersi in una pandemia da Covid-19 che dura da più di due anni.

Di recente il coronavirus ha riportato nelle nostre vite la percezione della grande calamità, che nell'immaginario collettivo è paragonabile a una maledizione, come nelle Sacre Scritture l'invasione delle cavallette o le altre piaghe d'Egitto. Oggi abbiamo una guerra a duemila chilometri da casa. Da trent'anni a questa parte è lo scontro armato che ha generato il minor numero di manifestazioni di piazza pacifiste. Le bandiere arcobaleno della pace che sventolavano dai balconi tappezzando interi condomini, ad esempio durante la guerra in Afghanistan degli anni Duemila, oggi sono una rarità. Nonostante l'assenza di segni esteriori, però, questa guerra ci è entrata nell'animo, colpendoci profondamente. I muri crivellati di colpi, i palazzi sventrati, i centri devastati che vediamo in televisione somigliano molto a quelli delle nostre città. E così la gente, distrutta dal dolore: la sentiamo vicina, come chi possiamo incontrare per strada ogni giorno, vestita come noi; la lingua e l'accento non ci sono estranei perché sono quelli che ascoltiamo da tante persone che ormai lavorano e vivono nella nostra società e condividono anche la quotidianità delle nostre famiglie, come badanti e collaboratori, compagni di scuola dei nostri bambini. Nei filmati che ci mostrano la loro fuga, vediamo genitori e figli che, se prima di uscire di casa riescono a prelevare degli effetti personali, li portano con sé in valigie che sono le stesse che abbiamo anche noi. Una familiarità che ci rende più che mai prossimi a quelle persone con cui riusciamo a immedesimarci fino a scorgere noi stessi sui loro volti.

Il giorno in cui la Russia ha invaso l'Ucraina non ho esitato a definirla un'aggressione criminale, ribadendolo in diverse occasioni e suscitando anche qualche stupore per non aver avuto riserve in quella condanna assoluta, senza mezzi termini. E, del resto, non avrei saputo esprimermi altrimenti davanti a uno scontro che semina morte e distruzione, dopo due anni di continui lutti e sofferenze, e che – fatto certamente secondario ma non trascurabile – giungeva ora a colpire i gangli produttivi dell'Europa, proprio quando cominciava ad affacciarsi qualche timido segnale di ripresa. Nel momento stesso in cui ci sembrava di poter tirare il fiato davanti all'arretrare della pandemia che ci aveva logorato moralmente e materialmente, un conflitto alle porte di casa dipingeva il futuro delle tinte più cupe.

Se questa guerra, anziché essere la tragica realtà che il popolo ucraino sta vivendo e di cui tutti risentiamo le gravi conseguenze, fosse il parto della fantasia di uno sceneggiatore, per trama e richiamo sarebbe una pellicola di quelle che sbancano al botteghino e puntano all'Oscar, ricche di colpi di scena con effetti spiazzanti e da cui nascono un'infinità di sequel o spin-off. Risultano rassicuranti, tutto sommato, perché l'ambientazione ci sembra alludere a un futuro lontano, impossibile da realizzare. Invece la guerra in Ucraina è frutto della realtà contemporanea e l'orrore e la tragedia non sono suggestioni di un visionario, ma vite e destini, e i sentimenti in gioco appartengono a donne, bambini, uomini come noi, non attori.

Si dice che l'uomo sia l'animale con maggiore capacità di adattamento. E infatti nei secoli ha modellato il mondo, forse andando addirittura oltre, sentendosi in diritto di trattare la natura come una riserva inesauribile di risorse. A riportarci alla nostra condizione di esseri fragili è stato un virus di dimensioni infinitesimali, ma in grado di ridurci all'impotenza, di mettere sotto scacco noi e tutte le nostre certezze. Un bagno di umiltà da cui però sembra che l'uomo abbia imparato davvero poco o nulla.

Quando credevamo che «niente sarebbe stato più come prima», che lo slancio e i valori che hanno alimentato la solidarietà e il sostegno reciproco avessero segnato l'inizio di una nuova normalità, è scoppiata la guerra in Ucraina. E non solo. Le bombe su Kiev hanno inferto un duro colpo anche alle poche certezze di ripresa a cui ci stavamo aggrappando, dopo oltre due anni di fatica e impegno ai limiti della sopportazione. Eravamo convinti che, in un mondo che si definisce «civile» e ambisce ad ampliare sempre più la platea di coloro che hanno accesso a diritti e libertà fondamentali, i carri armati e i missili fossero ormai da considerarsi vestigia di un passato lontano, da schierare al massimo in qualche parata con valore simbolico. Non eravamo pronti a vederli rientrare in azione per compiere invasioni e massacri. E invece abbiamo dovuto fare i conti con la mentalità di chi ritiene che la guerra – anche quella di aggressione – rimanga una scelta praticabile.

La preoccupazione unanime e accorata è cresciuta di pari passo a una comunicazione incalzante che, da un giorno all'altro, ha visto azzerarsi la copertura sul Covid, prima onnipresente. Sebbene così non fosse, si è avuta addirittura l'impressione che gli effetti della pandemia si fossero definitivamente attenuati e da febbraio ogni spazio informativo è dedicato alle cronache del conflitto.

Questo nuovo allarme mi ha investito in pieno nel mio ruolo di presidente di Regione trovatosi, con un'emergenza sanitaria ancora in corso, a dover gestire, così come a livello nazionale, un'economia di guerra. Il conflitto, infatti, si è esteso a macchia d'olio sul piano economico, diventando di fatto globale.

Lo scontro tra Russia e Ucraina ha fatto sì che, smuovendo le braci sotto la cenere, si rianimasse una nuova versione della guerra fredda. Il conflitto strisciante era già sottotraccia, ma ora rischia di spaccare irrimediabilmente il mondo in blocchi, superando di gran lunga la versione precedente, che, sebbene sotto una continua minaccia, aveva raggiunto un equilibrio, e non aveva conosciuto l'escalation militare che oggi viene fomentata da più parti. Una pace incerta, senza dubbio, ma pur sempre una pace.

Una mossa beffarda del destino ha voluto che in coincidenza con il conflitto in corso sia morto Michail Gorbačëv, il padre della perestrojka, il pacchetto di misure volte a riorganizzare l'economia e la vita politica e sociale dell'Unione Sovietica, per avviarla a un'apertura verso il mondo. Un leader che l'establishment di Mosca, più che riservargli solenni onori formali e militari, dovrebbe dimostrare di saper prendere a modello.

Ultimo segretario del Partito comunista sovietico, Gorbačëv, di fronte all'inevitabile e storico crollo del sistema che pure aveva sostenuto, seppe dimostrare una puntuale e lungimirante consapevolezza degli equilibri e la capacità di calibrare attentamente le ricadute di ogni sua mossa. Aveva intuito la necessità di rivoluzionare la politica estera del suo paese, mettendo fine al principio della sovranità limitata con cui erano stati tenuti nell'orbita sovietica gli stati satelliti. Stabilito il superamento del conflitto ideologico e di classe, aveva dato priorità agli interessi generali dell'umanità, abbandonando le chiusure preconcette che avevano caratterizzato il suo paese e aprendo a rapporti internazionali costruttivi e a un'economia di mercato.

Questa scintilla ha innescato il cambiamento che avrebbe influenzato il corso degli ultimi trent'anni, segnati da nuove dinamiche e relazioni tra le aree geografiche che in passato costituivano i due blocchi.

Una nuova era di speranza per il mondo a cui non si era sottratto lo stesso Putin che, pur con una forte personalizzazione in senso autoritario dell'azione politica e nell'inseguimento di un passato glorioso della Russia, aveva dimostrato nei primi tempi di voler dare corso a quell'apertura verso l'Occidente, non solo da un punto di vista commerciale.

Negli anni ci siamo via via abituati e nessuno si meravigliava più nel vedere nei nostri paesi turisti o investitori russi. La messa a frutto di questa apertura sembrava aver archiviato definitivamente la separazione, anche culturale, che aveva diviso l'Europa in sfere di influenza alla fine del secondo conflitto mondiale. Anche per questo ritengo che la crisi internazionale conseguente alla guerra scatenata dalla Russia ci colpisca non solo come esseri umani che assistono all'aggressione e alle sofferenze di altri esseri umani; non solo per l'impatto sull'economia e la disponibilità delle risorse. Sono anche i danni psicologici a essere enormi.

Oggi ci troviamo in una situazione internazionale che azzera gli ultimi trent'anni, a mio parere caratterizzati da un sostanziale ottimismo, nonostante non siano mancate crisi internazionali e anche il nostro paese abbia dovuto fronteggiare non poche difficoltà. Questa situazione ci ha rivelato infatti alcuni aspetti del nostro presente che non avevamo forse colto fino in fondo. L'improvvisa penuria di materie prime, l'energia che ha raggiunto costi proibitivi, i prezzi alle stelle ci hanno drammaticamente messo di fronte alla certezza che non siamo affatto autosufficienti.

Ci siamo ritrovati in una realtà inattesa quanto dolorosa dopo che, come la cicala della favola, abbiamo accarezzato a lungo il sogno di non avere problemi. Col senno di poi possiamo dire che non avrebbe potuto essere altrimenti, visto che il nostro modello è stato quello di una gestione allegra e scriteriata del debito pubblico.

Too big to fail, troppo grande per fallire, si diceva anche della Lehman Brothers, il colosso dei servizi finanziari, prima che implodesse nel più grande fallimento tra le bancarotte mondiali. Non ci è bastata quella lezione per capire che non sempre è così. È vero che il mondo in qualche misura è una specie di cassa di compensazione, ma è altrettanto vero che non possiamo sempre pensare che i grandi fenomeni non dipendano dalle piccole azioni, che invece sono e rimangono fondamentali e determinanti.

Ci troviamo di fronte a difficoltà di ogni tipo. Prima di questa guerra, chi sapeva come funzionano le filiere produttive di molti beni e merci che consumiamo tutti i giorni e quanti passaggi e spostamenti servono perché un genere alimentare arrivi sulle nostre tavole? Eppure sono beni di consumo la cui disponibilità siamo abituati a dare per scontata ma di cui ignoravamo l'origine e il percorso produttivo. Persino in una regione come la mia, in cui la produzione vitivinicola è un fiore all'occhiello, nessuno immaginava che le gabbiette fermatappo per il vino o le altre forniture del settore necessarie alle nostre cantine arrivano dai paesi dell'area interessata dal conflitto. Lo abbiamo scoperto quando, nell'impossibilità di reperire questi materiali, i nostri produttori hanno rischiato di ritrovarsi tutta la produzione in magazzino, per fare solo un esempio. E, ammesso che si riescano a trovare, hanno tutt'altro costo rispetto a prima che scoppiasse la guerra.

Dopo l'aggressione militare all'Ucraina, l'intera macchina

produttiva ha cominciato ad andare in crisi. A questo si aggiungono ulteriori difficoltà nel reperire una materia prima strategica, l'energia. Se già scarseggiano alcuni beni, nel momento in cui si riduce drasticamente anche la disponibilità dell'energia necessaria a produrli, i costi saliranno di conseguenza e le carenze si faranno sentire sempre di più.

Per fare un altro esempio, solo davanti all'emergenza gli italiani hanno preso coscienza del fatto che il 38% del gas importato proviene dalla Russia. Non è affatto banale per un paese come il nostro, che non solo non ha mai raggiunto una propria autonomia energetica, ma – ed è qualcosa su cui ho insistito a lungo nel corso degli anni, fin da tempi non sospetti, quando ero ministro delle Politiche agricole – nemmeno una propria sovranità alimentare, pur avendo un saldo attivo tra importazioni ed esportazioni.

Certamente è una situazione complessa, frutto di scelte sbagliate e figlie di una cattiva programmazione non soltanto nazionale – di cui potremmo quindi assumerci le colpe –, ma anche europea. Siamo davanti al paradosso per cui paesi che patiscono un deficit di produzione devono anche subire i diktat che impongono di non coltivare una percentuale di terreni affinché restino improduttivi, allo scopo di evitare eccessi di produzione con ricadute negative sul mercato. Una follia che ricorda quanto già avvenuto con le quote latte, quando i nostri allevatori erano costretti a produrre meno latte di quanto in realtà avrebbero potuto, sebbene in Italia un cartone su due fosse importato dall'estero. Ritengo sia un modo di agire fuori da ogni logica, contrario al buon senso, che costituisce anche un gravissimo problema nei casi in cui, come appunto durante un'emergenza, dovesse imporsi la necessità di attrezzarsi per rispondere a carenze di beni alimentari. Probabilmente non si arriverà a tanto, ma comunque questa guerra sta dimostrando che su troppi fronti siamo deboli e impreparati.

Giorno dopo giorno emergono nuove conseguenze, e tutte

molto pesanti. Restando nel campo delle metafore bibliche, la situazione è paragonabile al sogno del faraone che preannunciava sette anni di vacche magre. Tuttavia ritengo che l'economia in cui questa crisi si innesta sia ancora viva e pulsante. Infatti, mentre faticosamente avviamo la ripartenza dopo il fermo produttivo dovuto alle restrizioni pandemiche, e davanti alla nuova sfida di un'economia di guerra, non passa giorno in cui non si sentano storie di ricerca frenetica quanto vana di lavoratori che non si trovano. Allo stesso modo, per via dell'impennata delle bollette, non sono poche le aziende che non riescono più a sostenere i costi di produzione, ma che potrebbero lavorare a pieno regime perché subissate da ordini e commesse. Se è vero che il clima generale risente delle preoccupazioni causate dal conflitto in corso, è anche vero che non mancano i segnali della voglia dei cittadini di distrarsi e svagarsi dopo gli anni della pandemia, con il risultato che gli introiti del turismo hanno superato i fatturati del 2019, nel periodo pre-Covid.

La convergenza degli effetti della pandemia da un lato, che ha modificato la visione della vita e la scala delle priorità, e della guerra dall'altro, che ci ha messo davanti alla realtà sconvolgente di migliaia di morti e milioni di profughi, ci ha resi consapevoli che, nonostante tutto quello che possiamo pensare, l'unica cosa certa è che non ci sono certezze.

Di fronte alla violazione deliberata del diritto internazionale e all'orrore di una guerra contro un paese e un popolo, che non ha risparmiato bambini e persone inermi, è stato doveroso sostenere le sanzioni contro la Russia e portare avanti l'azione europea e atlantica contro l'aggressione ai danni dell'Ucraina. Non siamo più così sicuri, però, che la nostra economia possa uscire indenne dal meccanismo delle sanzioni, la cui efficacia può manifestarsi nel lungo periodo, ma non tiene conto delle necessità che già gravano su famiglie e imprese, in sostanza sul nostro sistema economico.

Personalmente non ho alcun dubbio che ne verremo fuori, perché tutti i «fatti umani», come diceva Giovanni Falcone della mafia, hanno un inizio e una fine. Cesserà anche questa guerra. Tornerà la pace. E nel nostro patrimonio comunitario c'è tutto quello che serve per superare anche questa prova. Lo faremo insieme come, in una situazione certamente diversa ma non meno preoccupante, abbiamo saputo guardare avanti superando i momenti più bui nei giorni del lutto nazionale durante la pandemia.

Tutti i ricordi che attraverso questa cavalcata nella memoria personale – ma, ne sono certo, condivisa dai miei coetanei e dalle generazioni che ci hanno preceduti – sono emersi nel ripercorrere le tante «guerre» affrontate in questi anni hanno un tratto comune: mai è mancata la forza per guardare al futuro con ottimismo, anche nei momenti peggiori. Mai ci si è tirati indietro quando si trattava di rimboccarsi le maniche e mettere mano a una ricostruzione, quale che fosse. Mai si è spezzato quell'ingranaggio che, di generazione in generazione, ci ha trasmesso la voglia di rispondere a qualsiasi cambiamento, anche il più inaspettato, impegnandoci a costruire qualcosa di nuovo. È importante però che, come nei giorni del lockdown, quando la pandemia ci attanagliava, ci sia ben chiaro che in questa fase l'incertezza globale sarà un tratto fondamentale della nostra condizione. Dovremo sforzarci di accettarlo contando sul fatto che questa sfida la affronteremo uniti.

Tra i nemici più insidiosi da contrastare c'è senza dubbio uno dei mali che ogni guerra porta con sé: il venire meno della capacità di leggere la realtà. Che Putin sia l'aggressore e l'Ucraina sia la vittima è un dato di fatto, ed è incontrovertibile. Non penso sia questa la situazione in cui si debbano inseguire ragioni storiche remote, concorsi di colpa o valutazioni di comodo. Ancora meno che sia il momento per andare a caccia di responsabilità. Alla luce dei fatti e del diritto, c'è un aggredito e c'è un aggressore.

Ma, dopo mesi di guerra, la questione che oggi si impone alle coscienze e alle intelligenze è un'altra. Sulla base di quanto accaduto in queste settimane, non possiamo realmente credere che le sanzioni alla Federazione Russa rappresentino l'unica via d'uscita, considerando le restrizioni che ne derivano per i nostri cittadini e le nostre aziende, oltre che per i cittadini russi.

Sappiamo bene, infatti, che oltre ai fasti, all'opulenza e al lusso che le immagini provenienti dalla Russia lasciano intravedere, la quasi totalità dei cittadini conduce un'esistenza caratterizzata da standard di vita molto inferiori a quelli dei paesi occidentali. Diversamente da noi, la gran parte dei cittadini russi è abituata a vivere «mangiando pane e cipolla», come si direbbe dalle mie parti. Gli oligarchi, quelli con gli orologi in oro massiccio tempestato di brillanti al polso, quelli che attraccano sulle nostre coste a bordo di yacht che somigliano a transatlantici, che pagano conti milionari nei nostri negozi e trascorrono le serate nei locali da vip, sono una piccolissima parte della popolazione.

Non è pensabile quindi che siano le sanzioni l'unico mezzo per porre fine a questo conflitto, cercando di sfiancare un popolo fino a condurlo alla resa. Né è un caso che questa guerra si stia trasformando in qualcos'altro. La sacrosanta attenzione verso i bombardamenti, i profughi, i morti negli scontri, i presunti crimini di guerra, non deve farci perdere di vista un altro aspetto: lo spartiacque che questo evento costituisce, con il rischio di diventare un modello per future repliche. Putin ha capito che chiudendo i rubinetti del gas può mettere in ginocchio i nostri paesi più rapidamente che sganciando bombe a tappeto. La guerra formalmente mossa contro un solo paese in realtà può essere estesa a decine di altri in maniera «incruenta», ma con risultati disastrosi che non tardano ad arrivare, sebbene non in modo immediato ed evidente come gli effetti di mesi di combattimenti sul campo.

Tutti i piani e le strategie elaborati da analisti geopolitici e consiglieri diplomatici si trovano adesso di fronte all'ovvio, fino a poco tempo fa ritenuto impossibile: privare un popolo dell'acqua significa farlo morire di sete senza che sia necessario scatenare una guerra combattuta sul campo. Non solo: se in qualsiasi parte del mondo si vuole innescare una rivoluzione, basta annientare via via la capacità di produrre ricchezza, benessere, consumi, fino a privare un popolo persino dell'essenziale. Secondo una massima di un economista che amo ripetere, tra chi ha e chi non ha, ha più necessità chi ha avuto e non ha più.

Se la guerra in corso, nata come conflitto tra Russia e Ucraina, è diventata una guerra globale, lo si deve in parte anche ad affermazioni e posizioni pericolose emerse fin dalle prime reazioni. Ribadisco: mi è chiarissimo e non ho dubbi su chi sia l'aggredito e chi sia l'aggressore, quindi non ho nulla da obiettare sulla difesa rigorosa e inflessibile di queste posizioni. Ma, ricorrendo alle sanzioni e alla fornitura di armi contro l'aggressore, se da un lato è chiaro che non si debba cedere di un millimetro, dall'altro non bisogna perdere di vista che l'obiettivo è la pace, che non si raggiunge solo attendendo l'effetto di questi ultimi provvedimenti. Per ottenere la pace, infatti, non si può rinunciare a un'intensa azione diplomatica parallela, che deve essere considerata il canale privilegiato, da tenere sempre aperto. Nei primi mesi del conflitto, invece, quando sarebbe stato opportuno tentare in ogni modo di instaurare un dialogo, abbiamo assistito a prove muscolari, affermazioni sopra le righe, a volte con un impatto tale da scatenare situazioni irrecuperabili e destinate a radicalizzarsi. Se in molti casi si è trattato senza dubbio di reazioni motivate, in altri sono state «alzate d'ingegno» in netto contrasto con la grande tradizione diplomatica europea e la necessità oggettiva di evitare un irrigidimento delle parti.

Putin ha scatenato una nuova guerra mondiale senza condurre le truppe in giro per il mondo, se non in Ucraina. Negli altri paesi sta combattendo con nuove armi: il ricatto sull'energia, sulle derrate alimentari, sulle materie prime. Il principio è semplice: se si ferma il contatore dell'elettricità nelle nostre case, si ferma la vita. Non avremo più la possibilità di conservare il cibo, di scaldarci, di lavarci, di cucinare; dovremo usare le candele per non piombare nella completa oscurità. Un risultato che, con la guerra convenzionale, sarebbe possibile solo bombardando.

Non serve essere esperti di geopolitica per rendersi conto che la guerra non giova a nessuno, ma dobbiamo anche prendere coscienza del fatto che per qualcuno è ancora un'opzione, una strada da percorrere per raggiungere i propri obiettivi. Non pensarlo è un errore madornale oltre che una pia illusione. Dobbiamo accettare la dura realtà che il ripudio della guerra non sia patrimonio comune a tutto il mondo, sebbene per noi sia talmente radicato e imprescindibile da dedicargli uno specifico articolo della Costituzione, oltre a farne un caposaldo della nostra cultura, che rifiuta ogni forma di violenza.

Non per tutti la cultura cristiana della carità e quella laica della tolleranza hanno prodotto un generale e trasversale rifiuto del ricorso alla forza e una propensione a non far valere le proprie ragioni con le armi ma con l'intelletto, il dialogo, la passione del confronto tra le idee.

In passato si diceva che nelle guerre i popoli imparano più dalle sconfitte che dalle vittorie. L'Europa occidentale alla fine del secondo conflitto mondiale ha dimostrato di aver compreso e fatto propria questa lezione. Certamente le armi hanno taciuto perché ci sono state potenze vincitrici, gli Alleati, e potenze sconfitte, l'Asse, ma in quell'oceano di vite spezzate e di rovine materiali tutti gli Stati hanno dovuto affrontare un clima di disfatta generale, ripartendo da zero per la ricostruzione di interi paesi, la ricomposizione del tessuto produttivo, la nuova impostazione di strutture istituzionali nazionali e internazionali, che non avrebbero più potuto essere le stesse. Ne è seguito il periodo di pace più lungo per il nostro continente. E in quei sette decenni di convivenza pacifica il lavoro comune ha assicurato a tutti un progresso senza precedenti, la più grande crescita economica e produttiva, capace di portare anche il nostro paese, da sempre agricolo e non certo ricco di materie prime, ai primi posti tra le economie del mondo industrializzato. La pace, dunque, è stata il motore di una conquista sociale che ha prodotto benessere e progresso.

Benessere e progresso che dopo tutti questi decenni sono ora messi in dubbio da una crisi internazionale gravissima, le cui ripercussioni stanno incidendo pesantemente sul presente, suscitando ancora più inquietudine per il futuro.

La guerra prosegue peggio di come è iniziata, perché sembra avviata a un'escalation di cui non voglio nemmeno immaginare gli esiti possibili. Sono tornate ad affacciarsi nel linguaggio quotidiano parole terribili che rimandano ad armi di distruzione di massa, come «nucleare», «testate atomiche», «missili a lunga gittata»: un orrore che potrebbe essere dietro l'angolo e investirci tutti. L'alternativa può essere una cronicizzazione regionale del conflitto su cui non possiamo fare alcuna previsione. Non possiamo permetterci un nuovo Afghanistan, non possiamo permettere che uno scontro di questa portata si radicalizzi e finisca per essere dimenticato. Vorrebbe dire tornare a un'Europa divisa dalla cortina di ferro, spaccata in due, rientrare negli schemi soffocanti di una guerra fredda in cui noi ci troveremmo stritolati tra due ganasce, questa volta separate anche da una linea di fuoco.

Prima dell'aggressione all'Ucraina sentivamo di appartenere tutti a un'Europa che fosse già una realtà. L'osmosi tra i ventisette stati dell'Unione e gli altri paesi del continente era già in atto da un punto di vista pratico. Lo stesso allargamento dell'UE verso i paesi in passato appartenenti all'ex blocco sovietico – Lituania, Lettonia, Estonia, Polonia, Repubblica Ceca, Repubblica Slovacca, Ungheria, Slovenia, Romania e Bulgaria – è stato un processo quasi naturale. Oggi la guerra riporta l'orologio indietro di decenni, a una divisione che non era più percepita. Prima che scoppiasse la pandemia, entrare e viaggiare in Russia era normale, ora è diventato impossibile. Si pensi poi a cosa rappresenta per la nostra economia il rischio concreto che venga meno la libera circolazione in Europa. Abbiamo già conosciuto le difficoltà della guerra fredda, quando andare oltre la cortina di ferro era complicato e certamente non scontato.

Possiamo permetterci di tornare a quei tempi?

Abbiamo assistito all'espulsione dalla Russia di un gruppo di nostri diplomatici in risposta a un provvedimento analogo da parte del nostro paese. Penso sia un'ulteriore prova, al contrario di quel che potrebbe apparire, dell'urgenza di un ritorno alla diplomazia come unica via d'uscita. Ritrovare il dialogo, ricomporre un piano comune per parlarsi, confrontarsi, e solo dopo definire le condizioni per la pace, è l'unica soluzione.

La guerra che è stata temuta per mezzo secolo dopo il secondo conflitto mondiale, la guerra che pur arrivando in diretta sui nostri schermi credevamo di non dover mai conoscere direttamente, si sta invece consumando nel primo ventennio del nuovo millennio. Non solo ci sta impoverendo, ma rischia di consolidare degli assetti internazionali che, se da un lato non sono una novità di oggi, dall'altro stanno subendo un'accelerazione. La vicinanza tra Russia e Cina, ad esempio, è sempre più una realtà, e con essa la formazione di un blocco asiatico contrapposto alla NATO.

Oggi contiamo già troppi morti, troppi danni, troppi rischi. Lo stesso presidente Zelens'kyj ha detto che il più grande pericolo dopo le bombe è quello di essere dimenticati sotto le bombe. La sola speranza è che il periodo tra l'inizio e la fine di questa tragedia resti circoscritto, e non abbia a prolungarsi senza fine. Abbiamo già pagato un prezzo troppo alto per questa follia e, se vogliamo porci come obiettivo di vedere la Russia giungere a una nuova perestrojka e a un nuovo percorso di pace, potremo raggiungerlo solo muovendo da una considerazione: non soltanto per l'Ucraina e per la Russia il mondo non sarà più come prima, ma anche per noi europei.

Finora l'obiettivo delle relazioni diplomatiche messe in campo è stato rispondere alla guerra. Deve diventare un altro: investire nella pace. A costo di passare per un inguaribile ottimista, penso che una guerra come questa arriverà a una conclusione per l'azione di figure autorevoli come lo sono stati i Gorbačëv, i Kissinger, i grandi statisti e diplomatici, che sapranno trovare una via d'uscita. Finché questo non accadrà, spetta ai cittadini occupare gli spazi che politica e diplomazia stanno lasciando vuoti. Dobbiamo far sentire la nostra forza pacifica scendendo nelle piazze, dando voce con manifestazioni popolari alla necessità di interventi che siano concretamente a favore della pace, in grado di porre fine ai massacri e interrompere un cammino che non sappiamo dove ci porterà. I cittadini devono esercitare il loro ruolo, pretendendo che si convochi al più presto una conferenza internazionale che garantisca pace e giustizia, fermando la tragedia a cui stiamo assistendo.

«Non c'è notte che non veda il giorno» ha scritto Shakespeare. Non possiamo rassegnarci all'idea che quel giorno arrivi sotto forma di un armistizio, in cui una parte vedrà attorno a sé solo macerie fumanti, e l'altra, non meno esausta, avrà «vinto».

È vero, al mondo c'è ancora qualcuno a cui la guerra scorre nelle vene. Ma non possiamo rinunciare a credere nel cammino comune e nel dialogo internazionale che ha concesso all'Europa, in tempi non meno difficili, decenni di pace. Nella diplomazia risiede la via maestra per giungere oggi a una soluzione del conflitto e per sconfiggere, poi, quella divisione del mondo in blocchi che io e i miei coetanei ricordiamo bene, ma che allo stesso tempo abbiamo visto superare con i nostri occhi.

Abbiamo il dovere di scongiurarla per il nostro presente e per non condizionare il futuro dei nostri giovani.

2.
Non è un paese per giovani

Non era che una cassetta della frutta, il banchetto che allestivamo ai bordi delle strade da ragazzini. Una di quelle in legno leggero che ancora oggi si vedono sugli scaffali di alcuni fruttivendoli. Bastava capovolgerla e per noi assumeva la forma di un banco del mercato in miniatura. Nei mesi delle vacanze estive insieme ai miei amici, rimanendo in prossimità delle nostre case, ogni tanto lungo la strada mettevamo su questa piccola «attività commerciale» che era un modo per passare il tempo e ci consentiva di rimediare qualche soldo. Non molti, a dire la verità. Non ricordo infatti che con i proventi fossimo mai riusciti a comprarci più di qualche ghiacciolo o al massimo un gelato confezionato, e nemmeno di quelli costosi. Ma tanto bastava per dire che non si era sprecato tempo e aver rimediato le poche lire sufficienti per farci provare l'ebrezza di un acquisto in autonomia, senza dover chiedere a mamma e papà.

Su quel banco posticcio esponevamo giochi di poco conto che non usavamo più: biglie, macchinine a volte anche rotte, qualche oggettino, che poteva essere, ad esempio, una bomboniera che nessuno in famiglia ricordava più come fosse arrivata in casa. Tra la mercanzia, poi, non mancavano mai vecchi giornalini: *Topolino*, *Tex*, qualche altro fumetto in voga ai tempi. In assenza delle opportunità che oggi internet offre ai nativi digitali, a modo nostro avevamo anticipato la piazza virtuale di eBay. L'offerta si basava su un semplice principio, quello del valore della lettura: per chi non le aveva ancora avute sottomano, le storie dei nostri eroi erano sempre nuove, capaci di riservare emozioni come se non fossero già passate dall'edicola e per le mani di altri ragazzini, avidi di avventure e sogni da vivere attraverso le immagini di un disegnatore. Mettevamo sul banchetto anche qualche figurina ripresa dai doppioni del nostro album del momento, ma tra la merce esposta rappresentavano qualcosa di differente. Se, infatti, per tutto quanto si trovava allineato su quella cassetta capovolta l'obiettivo era di liberarmene a fronte di una piccola somma di denaro, le figurine erano l'unica cosa per cui era possibile il cambio merce, ossia offrire altre figurine tra quelle che ancora mancavano al mio album, cominciato nei mesi della scuola e portato avanti con regolari acquisti delle preziose immaginette.

Dietro il nostro banchetto all'ombra di un albero trascorrevamo ore. I passanti, tutti amici e conoscenti, si fermavano a scambiare due chiacchiere, a osservare la merce, e i pochi che compravano qualcosa lo facevano più per simpatia e solidarietà verso noi ragazzini che sfruttavamo ogni idea possibile per differenziare il gioco nelle ore libere dell'estate. Ma sono convinto che nessuno facesse acquisti a vuoto: a comprare un giochino o un giornaletto erano ragazzini come noi, che spendevano la loro mancetta, o genitori che avrebbero messo a frutto quell'acquisto portandolo a casa ai loro figli. All'epoca non ce ne rendevamo conto, ma eravamo dei pionieri dell'economia circolare, dando un'altra vita e un nuovo utilizzo a oggetti che altrimenti sarebbero stati buttati via. Il tutto portando avanti un gioco che vivevamo come un lavoro.

Per la generazione a cui appartengo, infatti, lo scarto tra il gioco e il lavoro era quasi inesistente. Erano divisi da un confine talmente labile che non di rado il gioco di noi bambini riprendeva appunto il lavoro degli adulti. A volte, intenti a gareggiare con le macchinine o altri giochi, perdevamo la cognizione del tempo e finivamo per immedesimarci in quelle attività che conoscevamo o di cui avevamo sentito parlare, e così si giocava all'impresa di trasporti, all'officina, alle botteghe dei generi più disparati, all'ufficio di un qualche ente che sentivamo nominare in casa perché legato all'impiego dei genitori.

Ho sempre sostenuto che per i veneti il lavoro sia una sorta di richiamo ancestrale. È un'affermazione che ha in sé qualcosa di pesante e retorico, ma è innegabile che il lavoro quotidiano sia il primo pensiero per la mia gente. Ciononostante rifiuto categoricamente l'idea consolidata – che spesso viene usata anche per canzonarci – che quella dei veneti sia una società malata di lavoro, ossessionata dall'occupazione e dal profitto.

È vero, nella mia terra si lavora tanto. Si lavorava molto nei campi o nelle fabbriche quando eravamo povera gente che doveva sopravvivere e si continua a farlo oggi che la nostra regione è diventata uno dei primi poli produttivi d'Europa, con un numero sterminato di imprese che intessono rapporti economici con aziende in tutto il mondo.

Non è un caso che anche nel 2022, nonostante le difficoltà di una pandemia ancora in corso e l'emergenza legata alla guerra in Europa, il Veneto abbia fatto registrare una crescita del PIL pari a 3,4 punti percentuali. Ma non esiste il prototipo della donna e dell'uomo veneti che lavorano come somari perché geneticamente programmati per nascere e morire sgobbando.

Mi sono spesso interrogato sul perché nella mia regione il lavoro sia qualcosa di tanto condizionante. Penso che, prima ancora che in una cultura del lavoro, le ragioni siano da ricercarsi in una cultura del dovere inteso non come ubbidienza cieca a una legge anche solo morale. È il dovere di essere autosufficienti, di vivere senza dipendere da nessuno, da cui nasce come diretta conseguenza la cultura di impresa. Una cultura che è sempre appartenuta ai veneti, anche quando lavoravano nei campi *soto paron*, come si diceva allora, ossia alle dipendenze di un datore di lavoro. In essa c'è il seme di quel riscatto che ha attraversato la nostra società negli ultimi decenni. Nelle campagne, infatti, quasi tutte le famiglie lavoravano a mezzadria; i proprietari erano una rarità. Ma in ogni casa, di norma, al lavoro sulla terra dei proprietari si affiancava qualche piccola attività in proprio come quella dell'allevamento dei «cavalieri», i bachi da seta; una forma semplice di imprenditoria parallela che consentiva di contare su qualche entrata in più a vantaggio della famiglia.

Molti di questi lavoratori sono diventati grandi imprenditori, rappresentanti di un tessuto sociale sviluppatosi al di là di ogni previsione e in qualsiasi campo, disegnando e dando sostanza a una terra che oggi è un modello in grado di garantire a chiunque abbia un'idea o un progetto di poterlo realizzare senza doversi spostare altrove. Un imprenditore – anche lui, come molti veneti, figlio di emigranti – mi ha confessato candidamente che quando era giovane, se qualcuno gli avesse detto che un giorno avrebbe visto il Veneto trasformato in quello attuale, non gli avrebbe mai creduto. Una terra – diceva con insistenza – dove qualsiasi cosa venga in mente in campo produttivo si riesce a concretizzare. Può darsi che nelle sue parole ci fosse un'enfasi eccessiva e che tendesse a esagerare, ma non ho trovato la sua affermazione totalmente sconnessa dalla realtà che vediamo ogni giorno.

È la caratteristica del nostro modello di sviluppo, che non è quello in stile fordista in cui il grande capitalista fonda una fabbrica, gli operai lavorano tutti nello stesso stabilimento alla catena di montaggio da cui entra una barra di metallo ed esce un'automobile. Il nostro è basato sul distretto industriale diffuso: la regione è un formicaio di piccole e medie imprese o, per usare un termine ancora più consono quanto a laboriosità, un alveare dove ogni azienda ha il suo ruolo.

Come ho già raccontato, ricevetti a sei anni la prima tuta da meccanico che ho rinnovato nelle taglie fino all'esame di maturità, abbandonandola solo per iniziare gli studi universitari e dedicarmi contemporaneamente ad altre occupazioni che mi permettessero di mantenermi. Nell'officina di mio padre non era certo necessario il lavoro di un bambino, ma quell'impegno era educativo. A quei tempi le scuole finivano a inizio giugno e riprendevano il 1° ottobre, che sul calendario corrisponde a San Remigio, dal quale prendevano il nome gli alunni al primo giorno di scuola: i «remigini». Per le vacanze estive, infatti, si stava a casa quasi quattro mesi, un periodo lungo che segnava un vero stacco tra la fine del vecchio anno scolastico e l'inizio di quello nuovo.

In questo lasso di tempo, la preoccupazione maggiore dei genitori era che i figli non vivessero nell'ozio: davanti al rischio che sprecassero tutto quel periodo a ciondolare o a bighellonare chissà dove, distogliendo l'attenzione dalle regole e dagli insegnamenti acquisiti a scuola, ma anche da quelli di casa, era di gran lunga preferibile impiegare le giornate in modo proficuo.

Una qualsiasi occupazione, dunque, magari inserita nell'attività di famiglia, mirava a scongiurare questa eventualità. Come per mio padre, infatti, penso che nessuna impresa familiare avesse l'impellente necessità dell'apporto di un ragazzino di sei o sette anni. Eppure tutti ci trovavamo coinvolti, chi nel lavoro dei campi, chi dietro il banco di una bottega, chi sul furgone della ditta di famiglia. Non si trattava certamente di sfruttamento minorile né di una sorta di addestramento di stampo militare. Era una forma di educazione in una società in cui tutti lavorano, oltre a rappresentare una valida alternativa al baby-sitting, che peraltro in quegli anni non era nemmeno contemplata come possibilità.

A ben vedere, il mondo non è cambiato poi molto da allora: o si ha qualcuno a cui affidare i figli o si è costretti a portarli con sé al lavoro; nel periodo della mia infanzia accadeva nelle modalità che i tempi consentivano. Ritengo che per la mia generazione la possibilità di mettere il naso così presto in un ambito lavorativo sia stata una fortuna, un modo per ricevere quella che considero una formidabile iniziazione all'impegno, favorita anche da una burocrazia che non somigliava nemmeno lontanamente a quella odierna.

Fin da giovanissimi facevamo nostra la cultura dell'intraprendere, e questa è stata la chiave per accedere a mille opportunità: soltanto quelle esperienze precoci ci hanno consentito di affinare lo sguardo, sviluppare la capacità di cogliere le opportunità immaginandole anche prima che si presentassero. Non si chiama genio, semplicemente «esperienza».

Qualcuno dice che i giovani di oggi sono svogliati o disattenti: è vero l'esatto contrario. Trovo che questo modo di descriverli sia ingiusto e poco corrispondente alla realtà. Se confronto il presente con la mia memoria, quale differenza c'è tra noi che ci sedevamo agli incroci delle vie del paese a vendere giornaletti usati, dando così vita alle prime esperienze di commercio spontaneo, e un ragazzo che propone sui social le scarpe che non indossa più? La risposta è che le vie, le piazze e i cortili erano il nostro internet. A segnare la differenza tra noi e quel ragazzo è il mezzo, e nient'altro.

È per questo che mi sembra profondamente irrispettoso e fuori luogo che qualcuno dipinga i ragazzi di oggi come invertebrati, incapaci di produrre, di riflettere, di maturare una propria idea del mondo, quasi avessero delegato al digitale persino l'atto del pensare. Credo sia un'accusa del tutto gratuita oltre che terribilmente ingiusta. Ritengo invece che sia una forma molto comoda di alibi per non riconoscere quello che è il nostro dovere nei loro confronti: i giovani dovrebbero essere aiutati e stimolati per sviluppare il loro potenziale, che è notevole.

La stessa narrazione nazionale che li vuole protagonisti di

una società allo sbando va sfatata e riconsiderata con maggior aderenza alla realtà, creando davvero una relazione con loro, interessandoci alla vita che conducono e al mondo in cui fanno le loro esperienze.

È vero, oggi ci sono i social e i mezzi di comunicazione che a volte, al di là degli indubbi vantaggi, sembrano esaltare una sorta di sballo, quasi di alienazione, tanto che per molti l'universo digitale è diventato una realtà parallela. Ci ho riflettuto spesso, pensando agli anni della mia giovinezza, e in cuor mio sono arrivato alla conclusione che non mi sento di dire che io e i miei coetanei, senza Instagram, Facebook o TikTok, siamo stati più diligenti. Magari avessimo avuto le possibilità offerte da simili mezzi.

Né possiamo dire di essere stati meno fragili ed esposti ai pericoli della nostra epoca. Chi ha la mia età, solo per fare un esempio, non faticherà a riconoscere che la nostra generazione è stata protagonista delle stragi del sabato sera sulle strade. Se qualcuno l'avesse dimenticato, l'uscita dalle discoteche nella notte era paragonabile a un tragico bollettino settimanale. Le lacrime di genitori, familiari, fidanzati e fidanzate testimoniavano l'entità di quel dramma. Nel mio percorso di amministratore mi sono trovato ad affrontare la questione da presidente della Provincia di Treviso, che all'epoca aveva il triste primato a livello nazionale per numero di decessi sulle strade. Da quell'esperienza è nato poi anche un movimento nazionale che ha attivato molti progetti nel campo della sicurezza stradale.

La generazione a cui appartengo è anche quella che si è gettata a capofitto nel mondo della house music, i cui ritmi sono arrivati dagli Stati Uniti insieme a un grande nemico, l'ecstasy. In tanti anni di lavoro nelle discoteche non mi sono mai imbattuto nella droga e forse per questo non riuscirò mai ad associare quella piaga al mondo della notte quanto alla società o ai problemi del singolo; e del resto oggi le discoteche non esistono praticamente più, mentre la diffusione degli stupefacenti si è fatta pervasiva e aggressiva. Ma è innegabile che la droga è stata parte della nostra storia generazionale, è costata la vita a un numero enorme di persone e ha gettato nel dolore e nello sconforto tante famiglie, richiedendo alla società uno sforzo immane e l'impiego di ingenti risorse per poterla contrastare.

Come all'epoca non era giusto che venissimo tutti associati a uno dei problemi che affliggevano il mondo giovanile, così oggi non è corretto far pagare ai giovani il fatto di essere nati in un'era pienamente digitale. I nostri ragazzi, infatti, hanno un grande vantaggio, quello di essere iperconnessi, che è anche il loro grande svantaggio. Vivono in una società in cui tutto viene esaltato, tutto fa notizia rapidamente e con altrettanta velocità viene dimenticato. Un mondo in cui, in tempo reale, con una capacità di trasmissione delle informazioni mai conosciuta prima, si possono seminare idee e calunnie, suscitando con la stessa facilità entusiasmo o disprezzo. Non comprenderemo mai le generazioni di oggi finché guarderemo anche al mondo dei giovani, al loro impegno, alla loro intraprendenza attraverso lenti che si rifanno a categorie ormai superate. È fondamentale guardare a loro con la consapevolezza che sono i protagonisti del presente e la garanzia del futuro della società in cui viviamo.

Mi piace sottolineare che i giovani sono la parte buona della società che siamo chiamati ad amministrare. Qualcuno troverà questa affermazione scontata, ma non lo è affatto, perché tutti parlano di giovani ma è la politica che per prima rischia di non interessarsi a loro.

Un giorno, a margine di un incontro pubblico, mi si sono avvicinati due ragazzi con in mano una copia del mio libro, chiedendomi una dedica. Non avevano più di diciott'anni. Abbiamo scambiato due chiacchiere e mi hanno detto di aver acquistato il volume perché ero uno dei pochi personaggi pubblici a parlare di giovani e a farlo usando sia un linguaggio sia dei contenuti a loro vicini e comprensibili. Quell'incontro mi ha fatto riflettere. Non nego di aver provato soddisfazione, ma mi ha spinto a fare una serie di considerazioni, e ho concluso che, se si facesse una classifica di tutti gli argomenti che animano le giornate della cronaca politica, tra tanti fiumi di parole si farebbe davvero fatica a trovare il termine «giovani». Chiaramente, finché i giovani sono la minoranza degli elettori, la politica guarderà poco a loro. Ma non può e non deve essere così. Con tutto il rispetto per gli anziani e gli adulti, fascia d'età nella quale naturalmente sono incluso anch'io, non possiamo permetterci di essere un paese per vecchi.

«Se vivi con i giovani, dovrai diventare anche tu giovane.» Così Giovanni Paolo II, il papa Wojtyła della mia generazione, ormai anziano e malato, ha concluso la Giornata mondiale della Gioventù di Tor Vergata nel Giubileo del 2000, traducendo in italiano un proverbio polacco. Con quelle parole il pontefice aveva dato ancora una volta dimostrazione di aver compreso più di ogni altro il mondo giovanile. Ma quella sua affermazione, spento il boato di esultanza che aveva suscitato tra la folla, è finita presto nel dimenticatoio.

I giovani vanno aiutati e accompagnati. Accompagnarli significa stimolare in loro quella responsabilizzazione a cui aspirano e per la quale hanno tutte le carte in regola nonché le energie.

Non possiamo pensare di farli crescere continuando a dipingere il mondo come se fosse destinato a finire. Loro hanno bisogno di vivere il proprio ruolo nella realtà fino ad acquisire la certezza che il mondo non si esaurisce, che le difficoltà non impediscono di guardare avanti e di intravedere nuove prospettive.

A chi giova crogiolarsi all'infinito nell'idea che non c'è futuro? È un'idea sbagliata perché non tiene conto di una legge inesorabile: ogni generazione è attesa dal suo domani.

Non trasmettere questa aspettativa va a discapito della percezione stessa della vita. La giovinezza è nell'essere umano la fase di una spensieratezza che rasenta il senso di immortalità. Questo ne fa da un lato un concentrato di pericoli, ma dall'altro il motore dell'entusiasmo e dello slancio. Deprimere questo sentimento significa ferire senza riguardi la parte più promettente della nostra comunità.

Lo ripeto sempre: tra i diciottenni di oggi c'è sicuramente la ragazza o il ragazzo che diventerà presidente della Regione, altri che saranno rettrice o rettore di un'università, un coetaneo che sarà presidente della Repubblica o direttore di un ospedale.

Quando penso alle opportunità a disposizione dei giovani di oggi non posso che ritornare con la memoria a quel primo viaggio, di cui ho avuto modo di raccontare, che feci dopo gli esami di maturità, insieme ad alcuni amici; una vera odissea sulla Due Cavalli di mia madre fino Marbella e Gibilterra, perché il biglietto aereo per qualsiasi destinazione, anche la più vicina, non era assolutamente alla portata delle nostre tasche. Oggi sarebbe l'esatto contrario: nessuno si imbarcherebbe più in un'avventura del genere, perché un bel volo diretto, magari last minute acquistato con un'offerta, è molto più conveniente dal punto di vista economico e da quello logistico.

Grazie a uno dei non pochi risvolti positivi del mondo in cui viviamo e alla celerità nei collegamenti, i cittadini si spostano più facilmente, coprendo distanze anche molto grandi in tempi brevi, e questo apre nuovi orizzonti fino a pochi anni fa inimmaginabili, come le opportunità di fare un'esperienza di lavoro all'estero.

Ho sempre sostenuto che il fenomeno a cui assistiamo oggi e che riguarda i giovani non può nemmeno lontanamente essere paragonato all'emigrazione che ha caratterizzato nei decenni scorsi il nostro paese. Un'esperienza internazionale ormai è quasi scontata, grazie, tra le altre cose, alle occasioni offerte dal progetto Erasmus, nato alla fine degli anni sessanta ed esploso come fenomeno negli anni ottanta, tappa formativa consolidata nel percorso degli universitari europei. Un'esperienza talmente positiva che è stata estesa nel tempo anche alle scuole superiori.

Tra rapporti internazionali maturati sul campo e la diffusione delle conoscenze a livello globale grazie ai nuovi media, l'incontro e la convivenza di persone e culture diverse oggi sono diventati una realtà che senza dubbio giova ai nostri paesi. Tuttavia credo anche che si debba saper distinguere fino a che punto si tratti di spostamenti che i giovani intraprendono per aderire a un proprio progetto consapevole o se invece sono figli della necessità. Se i giovani espatriano per una loro scelta di vita, penso sia doveroso prenderne atto e rispettarla, perché frutto di un ragionamento maturo oltre che di curiosità e desiderio di scoperta. Se, al contrario, quella decisione non è che il risultato dell'assenza di alternative, si aprono infiniti interrogativi a cui gli adulti devono saper rispondere. Un paese che dichiara di non disporre di forza lavoro e contemporaneamente di avere ragazzi che lamentano di non vedere prospettive al punto da dover abbandonare la patria, è un paese che non lascia grandi margini di giudizio. È per questo motivo che come presidente della Regione ho promosso uno studio che spero nei prossimi mesi aiuterà a mettere maggiormente a fuoco questi temi. Si tratta di una ricerca, basata su un'indagine statistica, che analizza il percorso dei laureati nelle università venete, la loro carriera professionale al termine degli studi. L'obiettivo è capire se e quanto le loro aspirazioni trovino uno sbocco concreto all'interno della regione, in altre zone del paese o all'estero. Ci offre inoltre l'opportunità di rilevare il livello di soddisfazione dal punto di vista personale ed economico. Se da questo tentativo di fotografare la situazione dei nostri giovani dovesse emergere che la maggior parte di loro si sposta all'estero perché la vive come una scelta obbligata, vorrebbe dire che come paese abbiamo fallito.

Di fronte a questo rischio bisogna anche chiedersi: di quale fortuna vanno in cerca i nostri ragazzi?

Il mondo sta cambiando. Viviamo in una società in cui le nuove tecnologie permettono di agevolare lo smart working. Soprattutto nel post-Covid, sta prendendo piede una nuova percezione dei concetti di libertà, di tempo libero, di indipendenza, che assumono un peso diverso nella scala di valori e nella realtà personale di ciascuno di noi, che ne siamo consapevoli o meno. Dopo essere stati costretti a rimanere chiusi in casa per mesi, sottoposti a restrizioni, sebbene giuste e utili, vivendo un'angoscia che si protrae da più di due anni, quando si esce dal tunnel è naturale che si avverta una spinta verso una maggiore libertà. Soprattutto se si stanno ancora muovendo i primi passi nel mondo del lavoro, quando la formazione dell'individuo non è ancora completata e non si ha avuto modo di elaborare una propria consuetudine con il lavoro e le sue modalità. A questo dovremmo essere molto più attenti, ricorrendo in maniera massiccia proprio alle nuove tecnologie per riuscire a dare una risposta ai giovani.

È un dato di fatto, ad esempio, che ci sia ancora un forte gap all'interno del paese rispetto alla copertura della rete e alla qualità della connessione sul territorio. La banda larga non è ancora diffusa dappertutto allo stesso modo, non c'è garanzia di poter contare ovunque sulla velocità sufficiente a trasmettere e scaricare dati in tempo reale. Non escludo che molti possano cercare un altro luogo di residenza in altri paesi perché lì trovano comunità digitali molto più all'avanguardia della nostra. È soltanto uno dei temi in gioco, ma sarà sempre più determinante.

Non secondaria è anche la richiesta di un percorso di professionalizzazione al passo con i tempi, pensato a misura di ogni individuo, come fosse un abito sartoriale. Mi capita spesso di confrontarmi con tanti giovani che si innamorano di realtà estere perché prevedono una formazione molto più flessibile e capace di rispondere alle esigenze di oggi, rispetto ai modelli ingessati che sentono troppo vincolanti a livello nazionale.

Quello dei medici, ad esempio, è un caso emblematico. Quanti ragazzi vorrebbero intraprendere questa professione ma non hanno modo di iscriversi alla facoltà di Medicina perché devono confrontarsi con il numero chiuso, con i lunghi anni della scuola di specializzazione dopo la laurea e quindi con ulteriori sbarramenti e ostacoli che rendono il percorso accidentato, e alla lunga si scoraggiano. Eppure quella possibilità di accesso in passato si dava a tutti, magari investendo sulla selezione successiva con sbarramenti agli esami, le «propedeuticità» e varie prove da superare. Ma di certo non nutrendo l'idea che bastasse passare il test di ammissione per poi, in un modo o nell'altro, arrivare alla laurea. La politica del numero chiuso non è la soluzione. È l'esito di decenni in cui si è perso di vista un punto fondamentale e si è scelta questa strada nella convinzione che assicurare un minor affollamento delle strutture didattiche avrebbe garantito uno standard qualitativo dei professionisti più elevato. La realtà che ha prodotto – con cui la pandemia da Covid-19 ci ha costretto a misurarci drammaticamente – è quella di una carenza progressiva di medici e di un accesso alla facoltà attraverso il superamento di una prova consistente in un questionario che ha ben poco a che fare con il vero talento degli studenti.

Sono convinto, invece, che non si possa continuare a selezionare i futuri medici pensando di valutare dei ragazzi di diciott'anni sulla base di un test a crocette. Tutti coloro che vogliono iscriversi devono poter conoscere la facoltà di Medicina e frequentarla: la selezione avverrà poi dove è giusto che avvenga, ovvero durante gli studi, come accadeva in passato. È bene che quei ragazzi abbiano la possibilità di iniziare il loro percorso formativo, di capire che cosa significa lavorare in corsia e stare in sala operatoria, toccando con mano l'attività professionale nel suo contesto. Quanti sono i grandi clinici di oggi che, pur non avendo superato alcun test d'ammissione, si sono affermati sul campo dando prova delle loro capacità da studenti prima e da sanitari poi?

Nella sola università di Padova quest'anno si sono iscritti al test di ammissione 3119 giovani, pur sapendo che la disponibilità sarebbe stata di 428 posti. Non ho ragione di credere che anche tra gli oltre 2500 esclusi sulla base di un calcolo numerico non ci siano potenziali medici eccellenti, a cui semplicemente è stata sbarrata la strada verso la messa a frutto del loro talento. E di questo dovremo assumerci la responsabilità in futuro.

Dal 2013, in tutte le sedi in cui ho potuto farlo, mi sono espresso per l'abolizione del numero chiuso a Medicina e in tutte le facoltà dove sia previsto. Oltre che per rispondere alla necessità oggettiva di professionisti che caratterizza il nostro sistema sanitario, sono un convinto sostenitore di questo approccio perché ritengo sia imprescindibile per dare spazio ai giovani, facendo in modo che possano essere messi alla prova senza precludere loro alcuna strada per tentare di realizzare le loro aspirazioni.

Il nostro, invece, è un paese nel quale le norme oggi incentivano la precarietà se non, talvolta, lo sfruttamento dei giovani. Giungono continuamente notizie allarmanti di casi in cui i nostri ragazzi si vedono offrire un compenso di 3 euro all'ora o poco più. Si tratta senza dubbio di situazioni da denunciare, che non possono passare sotto silenzio. Ma non possiamo fermarci alla denuncia, che non ci esime dal dovere di ricercare una soluzione che non può essere quella del salario minimo. Quest'ultimo, infatti, si scontra con il principio meritocratico: i lavoratori, e quindi anche i giovani, devono essere retribuiti per quello che sanno fare. La prospettiva di un salario minimo porta con sé un rischio che dobbiamo attentamente considerare: quello di credere che tutto sia dovuto. Se la maggior parte delle persone sceglie il lavoro anche come via per una crescita personale, c'è però chi si accontenta del minimo ottenuto con il minimo sforzo.

Il lavoro è il cardine del nostro sistema di valori, è il principio su cui si basa la nostra Repubblica, come recita il primo articolo della Costituzione. È un valore che stride con le aspirazioni di chi si accontenta di avere il minimo indispensabile per ottenere una qualsiasi retribuzione e, superata quella soglia, subito si adagia e smette di progredire nella propria formazione di cittadino e lavoratore.

Un provvedimento simile non è educativo, come non lo è il reddito di cittadinanza. Mi è capitato purtroppo anche di imbattermi in genitori che mi hanno espresso la loro preoccupazione per il futuro dei loro figli, che si rifiutano di cercare un impiego finché percepiscono il sussidio di disoccupazione. Un padre, in particolare, che aveva lavorato tutta una vita, non riusciva a capacitarsi del comportamento del figlio. Personalmente non ho nulla contro gli ammortizzatori sociali, ma concordo sul fatto che vadano commisurati all'impegno che una persona, a sua volta, dimostra verso se stessa e verso la società. Senza dubbio va garantita una forma di tutela a chi si trovi in difficoltà, tenendo presenti dei criteri, dall'età all'avere una famiglia a carico e, nel caso, quanto numerosa. Ma se pensiamo di assicurare questi sussidi *tout court* a ragazzi giovanissimi, senza che ci sia dietro un progetto, siamo certi di stare facilitando la loro ricerca di un nuovo impiego o li stiamo invece spingendo ad accomodarsi in una *comfort zone* da cui sarà difficile uscire? Siamo certi che non stiamo preparando una grande trappola in cui si troveranno un giorno prigionieri? È fondamentale creare le condizioni perché possano apprezzare il lavoro. E il punto di partenza è senza dubbio una remunerazione dignitosa sulla base di due elementi: la professionalità e l'impegno. Allo stesso tempo va affrontato una volta per tutte il tema degli stipendi che oggi devono essere adeguati al costo della vita, perché il reale potere d'acquisto non è più quello di prima.

Se parliamo di giovani, non possiamo non considerare quella che è una delle tante frecce al loro arco, un elemento che li rende competitivi oggi. Se per noi «boomer» il mondo tecnologico è ancora un'«avanguardia», per la Generazione Zero, quella nata dopo il 1996, il metaverso non è fantascienza ma un fatto scontato. I nativi digitali costituiscono un valore inestimabile sul quale è indispensabile investire. Purtroppo, invece, continuiamo a ragionare secondo schemi ormai superati, considerando l'ascolto e l'apertura verso i giovani quasi come un fastidio, non comprendendo che questo rifiuto di accettare la realtà ci condanna a restare un paese per vecchi. Parlare di nuove tecnologie non significa sporcarsi le mani con qualcosa di negativo; al contrario, esse rappresentano una delle più importanti leve per il nostro futuro. Ma per valorizzarle è indispensabile creare un ambiente inclusivo verso i giovani e, se finora non ci siamo riusciti, non penso sia per mancanza di volontà, ma perché le decisioni sono ancora prese da «pensatori analogici».

Durante la pandemia lo smart working ha rivoluzionato il mondo del lavoro. Ma i ragazzi ci avevano già dimostrato di essere un passo più avanti, basti pensare a cosa rappresenta ormai per loro l'e-commerce, la condivisione di contenuti sulle varie piattaforme, grandi realtà commerciali che sono loro a sostenere, non certo noi che quel modello sembriamo subirlo e non ne vediamo le potenzialità.

Dovremo invece aprire gli occhi, se vogliamo cogliere le strepitose opportunità che l'infinita sequela di cambiamenti epocali porta con sé sul piano sociale, culturale, sanitario e di approccio ai servizi. Non possiamo esimerci dal considerare che la modernità di un paese si fonda sulla sua capacità di essere a misura di giovane.

Gli stessi giovani, però, per poter decidere liberamente devono avere presenti tutte le conseguenze delle loro scelte: sono consapevoli, ad esempio, che in molti paesi invocati come modelli, tra cui gli Stati Uniti, si viene assunti e licenziati alla velocità della luce e non esistono alcuni di quelli che da noi si definiscono «diritti acquisiti»? Siamo davvero disposti ad accettare un mercato del lavoro impostato su queste basi?

Se intendiamo che la garanzia non debba riguardare la possibilità di lavorare ma un impiego *sine die*, è ovvio che sorgono difficoltà nell'affrontare modelli differenti da quello nostrano. Difficoltà insormontabili, soprattutto in un paese in cui il lavoratore può lasciare il suo posto con una stretta di mano mentre il datore di lavoro è legato a doppio filo e non ha alternative. Anche questo dà vita a sacche di precarietà, perché impedisce di trovare forme contrattuali che permettano *a tutti* di essere garantiti in modo corretto ed efficace. Garantista non vuol dire indissolubile.

Ma se quella che, non senza un dannoso allarmismo, viene definita «fuga dei cervelli» rappresenta un pericolo, il primo impegno deve essere rivolto all'interno, alla realtà del paese. Chi crede che i ragazzi siano dei perditempo viziati secondo me è completamente fuori strada. I nostri giovani escono di casa volentieri quando è il momento di farlo, quando hanno maturato progetti di vita che corrispondono alle loro aspirazioni e valori. Nessuno può pensare che non condividano anche loro quei desideri che sono naturali e che tutti coltivano, indipendentemente dalle latitudini e dai confini nazionali. Vanno però sostenuti con dei provvedimenti: che siano anche pochi, essenziali, ma incoraggianti.

Nel nostro paese, purtroppo, non si parla mai, o se ne parla troppo poco, dei giovani che non lavorano all'estero ma che hanno intrapreso delle brillanti carriere in patria. Sembra quasi che si voglia nascondere questa realtà. Io non sono un professionista della comunicazione, ma penso che dare spazio a queste storie di successo costituirebbe una sorta di pubblicità progresso perché offrirebbe spunti e modelli ad altri ragazzi. Mi sono chiesto perché nessuno lo faccia e sono arrivato alla conclusione che questo paese soffre di una specie di complesso di cui non riesce a liberarsi, quello dell'inclinazione alla negatività. Eppure non mancano esempi di giovani professionisti che si sono affermati come imprenditori raggiungendo con le loro start up grandi risultati e ottenendo un riscontro positivo da più parti. Mi capita spesso di stringere loro la mano, e rimango colpito dall'entusiasmo che dimostrano, dalla loro voglia di fare, di lavorare e di investire qui, nel loro paese, guardando al mondo come a una piazza e non a un paradisiaco «altrove» verso il quale fuggire.

Invece è triste sentir descrivere quei pochi casi di giovani che rimangono nelle famiglie di origine come se fossero ospiti di un albergo, serviti e riveriti, incapaci di rispondere a un qualsiasi stimolo o di coltivare l'ambizione di arrivare a creare un giorno qualcosa di proprio. Non viene raccontata la realtà della maggioranza silenziosa di quei ragazzi che scelgono l'indipendenza personale ma devono rassegnarsi a faticare per pagare un corrispettivo dell'affitto, perché non hanno garanzie da offrire per accendere un mutuo. Trasformare una mensilità di locazione in una rata di mutuo vuol dire farli uscire dalla precarietà e dar loro la possibilità di costruire concretamente un progetto di vita, senza sprecare soldi, perché l'affitto giorno dopo giorno si tramuta in un mattone sull'altro, e diventa un patrimonio che costituirà un bene personale o della famiglia che prima o poi vorranno costruire. Un patrimonio che considero di inestimabile valore sociale al punto da ritenere che debba godere di specifiche agevolazioni, oltre a quelle già previste per la prima casa.

Quando ero studente non ho memoria che ci fosse una politica specifica rivolta ai giovani, ma questi hanno potuto trovare spazio grazie alle opportunità offerte da una situazione frutto di congiunture economiche favorevoli che hanno permesso di fare un salto di qualità: il cosiddetto «ascensore sociale» funzionava bene, e chiunque desiderasse studiare e al contempo guadagnare poteva farlo. In quegli anni il paese ha conosciuto una breve stagione di rinascita e le occasioni per chi voleva emergere non mancavano. Ma è un passato che oggi sembra remoto.

Quando parliamo di futuro e di giovani abbiamo il dovere di chiederci quanto sia attrattiva l'Italia. Se ci affidiamo alle statistiche sul turismo, sembra che per la maggior parte del mondo rappresenti la «meta della vita». Secondo i dati più recenti, per il 75% degli americani è la destinazione prediletta tra quelle europee; lo stesso vale per l'88% dei brasiliani. Tra gli stessi europei è una delle mete più gettonate. A determinare questo successo non sono solo le opportunità culturali, il clima, il paesaggio, la gastronomia, le spiagge o le montagne: è soprattutto lo stile di vita della gente.

Stando agli apprezzamenti che ci giungono dal mondo intero dovremmo avere continue code in ingresso, non solo di turisti ma di persone che vogliono investire e aprire attività nel nostro paese. Questo accade, invece, in forma molto più contenuta e il motivo è sotto gli occhi di tutti: siamo preda di sistemi tortuosi e inefficienti, lacci e lacciuoli che rischiano di deprimere qualunque slancio vitale. Mentre il mondo va verso una semplificazione estrema, noi restiamo aggrappati a sovrastrutture che gravano su ogni aspetto della nostra vita. È sufficiente osservare il modo in cui sono scritte le leggi in Italia: una babele di termini e una selva di richiami, riferimenti incomprensibili e rinvii normativi. Come possiamo pensare che uno straniero si senta invogliato ad avviare un'attività in un posto in cui tutto è così complicato? C'è il concreto pericolo di essere considerati un grande parco giochi, un luogo di svago, cultura e divertimento ma in cui non si potrebbe pensare di trasferirsi davvero un giorno. Perché si possa cambiare questa situazione sarà necessaria una rivoluzione culturale che non riguardi soltanto le istituzioni ma gli stessi cittadini, perché, come ripeto spesso con un'immagine paradossale – ma non poi così tanto –, da noi anche gli avventori di un bar che vogliono fare una partita a scopa finiscono dal notaio a registrare lo statuto.

E l'arma pacifica di questa rivoluzione culturale sono proprio i giovani. Il gap generazionale – che c'è sempre stato e continuerà a esserci perché è nella natura delle cose – è apparso più lieve alla mia generazione, perché non c'era un confine così evidente come quello segnato dall'innovazione digitale. Oggi, invece, sebbene la differenza di età con gli adulti sia rimasta la stessa, si avverte una forte distanza perché molti adulti si ostinano a voler vivere in un mondo che non esiste più. È comprensibile e non deve sorprendere ma, siccome stiamo costruendo il paese del futuro, costruirlo a misura di giovane non è un favore che facciamo alle nuove generazioni, ma a tutti noi. Abbiamo il dovere di consegnare a chi verrà dopo un paese moderno, e questo impegno si scontra con la cultura imperante e con il sistema dominante.

Il nostro territorio, però, è un punto di partenza formidabile, dove c'è tutto quello che serve per consentire ai giovani di mettersi alla prova, misurandosi con le sfide di domani. Noi adulti, genitori e amministratori in primis, abbiamo il dovere di assicurare che ci siano le condizioni affinché i giovani abbiano la possibilità di crescere qui come persone e come cittadini. Nelle loro mani c'è la chiave d'accesso a una società che abbia le radici ben piantate nella tradizione e nella cultura della nostra terra, con la mente indirizzata alle opportunità e alle sfide di un mondo globalizzato e digitale.

In questa fase storica penso che i giovani siano gli unici in grado di indicarci la via e debbano essere per questo un punto di riferimento dell'intero paese; non possono essere trattati come parassiti. Qualsiasi scelta deve essere compiuta guardando a loro e dialogando con loro. È fondamentale ogni provvedimento che ne aumenti la presenza e il ruolo nelle istituzioni. Non si tratta di imporre nuovi obblighi, criteri di pari opportunità, o di venire meno al principio della meritocrazia. Dar vita a un provvedimento del genere significherebbe proprio andare incontro a quelle capacità di cui molti giovani volenterosi dispongono a beneficio della comunità.

Tra tanti bizantinismi, una volta tanto, potremmo inserirne uno rivoluzionario, stabilendo che ogni nuova legge o qualsiasi iniziativa determinante per la vita dello Stato e della società debba ricevere un riconoscimento di compatibilità con la comunità giovanile. Se una linea simile è stata adottata in materia di rispetto dell'ambiente, perché non immaginare che anche in questo caso si possa arrivare a una sorta di «certificazione»? Così come si fanno leggi «green», perché non pensare a leggi che, ad esempio, possiamo definire «young»?

3.
Lo spazio del mondo nuovo

Tra le tante domande che ricordo di aver posto da bambino, soprattutto una mi torna in mente in modo vivido per il contesto in cui quella curiosità era nata e il particolare che aveva catturato la mia attenzione.

Era la sera dell'Epifania e con la mia famiglia avevo partecipato al *Pan e vin*, il tradizionale falò di inizio anno che nei paesi della campagna veneta – così come in tutto il Nordest, dove ancora oggi è consuetudine – si fa nel tardo pomeriggio del 5 gennaio, in segno di buon augurio per un anno di abbondanza. Tradizione vuole che dalla direzione che prendono le faville si possano trarre gli auspici per il raccolto dell'anno appena iniziato e questo spiega perché un rito del genere, le cui origini si perdono nella notte dei tempi risalendo ai riti pagani, in una società agricola fosse un appuntamento tanto importante da sopravvivere fino ai giorni nostri come grande momento di aggregazione. Oggi, per ragioni di sicurezza e di tutela dell'ambiente, lo si ritrova solo in alcune piazze con migliaia di persone presenti, ma negli anni della mia infanzia se ne organizzava uno in ogni paese, se non addirittura uno per famiglia.

Per noi bambini quel momento era una delle tappe di una festa quasi più sentita del Natale: credo infatti che la mia generazione, cresciuta nel Veneto, sia stata l'ultima in cui la Befana batteva Babbo Natale nell'indice di gradimento. I giorni dell'Epifania erano tra i più attesi dell'anno perché nel nostro immaginario era lei, la vecchina sulla scopa, a portare i regali ai bambini buoni. A chi non si era comportato bene riservava invece un pezzo di carbone, che poi altro non era se non una leccornia di zucchero colorato di nero.

Probabilmente per stemperare la natura pagana di quel rito tramandato nei secoli, in parrocchia ci avevano insegnato che il *Pan e vin* ricordava i fuochi che i pastori avevano acceso lungo le valli e le montagne per indicare ai Re Magi la strada che li avrebbe condotti alla grotta di Betlemme. Un racconto molto semplice, di certo più immediato e comprensibile per noi bambini del collegamento tra le faville e l'andamento dell'annata agraria.

Rientrati a casa dalla festa, prima di cedere alla curiosità di scoprire quali doni ci avesse portato la Befana, avventandoci su quella calza piena di dolciumi, mandarini e arachidi, c'era però un altro rito da compiere, non meno importante: la disposizione delle statuette dei Magi nel presepe.

Allora la messa in scena casalinga di quella Natività era il vero simbolo delle feste. Prima ancora che dall'atmosfera creata dalle luminarie – che all'epoca non c'erano – e dalle vetrine, che nei negozi di paese erano addobbate in modo frugale, con frutti di stagione e pochi elementi tradizionali, l'attesa del Natale era rappresentata dall'assemblare il presepe, una vera e propria «cerimonia» che coinvolgeva tutti, grandi e piccini. Ci stringevamo attorno al calore di quella famiglia impegnandoci nel dar vita a una quinta teatrale che, animata da varie figure e arricchita il più possibile da elementi naturali, avrebbe occupato a lungo un punto ben visibile della casa.

Quante statuine di ogni genere e dimensione affollavano il nostro presepe! Nel panorama che con carta bagnata, legnetti, sassi, cotone e cartone dipinto voleva ricostruire la Betlemme dell'anno zero, si finiva inevitabilmente per riprodurre la società di un tempo, con gli antichi mestieri, le botteghe di falegnami, fabbri, venditori delle più svariate merci. Se ne poteva ricavare persino quella che, a ben vedere, era la prima immagine di una miscellanea culturale, perché alle statuine tipiche della tradizione, diventate ormai universali – come il pastore addormentato –, si affiancavano riferimenti più vicini ai giorni nostri, tra cui il cuoco intento a mescolare la polenta nel paiolo, esattamente come vedevamo fare nelle nostre cucine.

Non c'era famiglia che ogni anno non facesse il suo presepe, in cui nulla era lasciato all'approssimazione: nelle visite a parenti e amici nei giorni delle feste ci si soffermava a guardare quella sacra rappresentazione, e guai a sfigurare!

A casa mia eravamo tutti coinvolti in quella piccola impresa architettonica, nessuno escluso: dai nonni ai più piccoli, ciascuno contribuiva, chi raccogliendo il muschio lungo i fossi al limitare dei campi, chi creando dal nulla le montagne ammassando le pietre poi ricoperte di stracci e cartone colorato. Terminata la messa in opera del paesaggio vero e proprio, la parte che più attirava noi bambini era la disposizione delle statuine con la Sacra Famiglia, gli Angeli, i pastori e gli animali. Anche a casa nostra si rispettava la consuetudine secondo cui ogni figura andava collocata al suo posto in un momento preciso delle festività. Gesù Bambino sarebbe comparso nella mangiatoia solo dopo la mezzanotte della vigilia, e così i Re Magi, con i loro cammelli, sarebbero arrivati puntuali la sera dell'Epifania.

Fu proprio in quest'ultima occasione – non andavo ancora a scuola, avrò avuto circa quattro anni – che ricordo di essermi imbattuto in uno dei miei primi «perché». Credo di poter dire che quell'interrogativo sorto dall'osservazione della realtà intorno a me rispecchiasse una curiosità abbastanza diffusa tra i miei coetanei, che non solo vivevano in una società lontana anni luce da quella multietnica, ma per di più abitavano in paesi di campagna di fatto chiusi al mondo esterno e quasi indipendenti gli uni dagli altri, dove l'incontro con il «diverso» da te era quasi impensabile.

A colpirmi, infatti, fu che uno dei Magi avesse un aspetto differente dagli altri. All'epoca non ci si preoccupava che la parola «nero» potesse risultare dispregiativa e inopportuna, e come tale veniva identificato uno dei tre sapienti che seguendo la Cometa erano giunti alla grotta.

In famiglia mi spiegarono che Gesù era venuto a beneficio di tutta l'umanità e quindi ai Magi era affidato il compito di raffigurarla integralmente. Secondo una delle tradizioni più diffuse in Occidente, i Magi sarebbero infatti il simbolo e, in un certo senso, anche i rappresentanti dell'umanità intera discendente dalle tre stirpi originate dai figli di Noè, ciascuno dei quali aveva avuto in sorte un continente da popolare: Sem l'Asia, Jafet l'Europa e Cam l'Africa. L'aspetto esteriore di ognuno dei sapienti rappresentava quindi nel presepe il rispettivo continente, e il re di colore simboleggiava, appunto, i popoli dell'Africa.

Quella prima nozione, per quanto infantile, appresa tramite l'osservazione del presepe, si sarebbe poi rivelata importante per una scoperta che avrei fatto di lì a poco. La sensazione che più associo a quell'incontro è la sorpresa, la meraviglia, e non avrebbe potuto essere altrimenti per un bambino che non viveva la realtà di una metropoli cosmopolita, ma della campagna veneta di cinquant'anni fa. Non era molto frequente, all'epoca, incontrare persone di colore: non se ne erano mai viste se non forse alla fine della guerra tra le truppe alleate. Ma in quest'ultimo caso si trattava di soldati, il cui aspetto appariva appunto uniformato da una divisa, e per di più stranieri.

A quei tempi non c'era posto, nemmeno nei pensieri, per qualcuno che fosse diverso da te. Non voglio dire che si provasse odio o fosse diffuso il razzismo, ma che il problema non si poneva nemmeno. In paesi come il mio, Bibano, nella campagna trevigiana della Sinistra Piave, ci si conosceva tutti e la presenza di un estraneo veniva subito notata. Non c'era certo quel *melting pot* che era già una realtà – sebbene difficile – in altre parti del mondo, né quella convivenza più o meno forzata e pacifica che pure mio nonno aveva conosciuto negli anni dell'emigrazione in Brasile e negli Stati Uniti.

All'epoca i miei nonni materni – come ho già avuto modo di raccontare – avevano una fattoria all'avanguardia, un'azienda agricola sperimentale. Il loro allevamento avveniristico con i bovini che i miei zii avevano importato dall'Olanda era un fiore all'occhiello del settore e aveva fatto scuola, letteralmente: la loro impresa era diventata un punto di riferimento per la formazione degli altri imprenditori, ma anche un centro frequentato da allievi degli istituti professionali per seguire lezioni, un periodo di apprendistato o qualche tirocinio.

Sebbene non fosse una situazione comune per quei tempi, né gli zii né i nonni erano sorpresi o disorientati; al contrario la vivevano con entusiasmo, nel solco della tradizione di ospitalità tipica della nostra gente e che da sempre contraddistingue la nostra famiglia. Una famiglia davvero numerosa, dove l'accoglienza era vissuta con naturalezza e spirito di solidarietà. In anticipo sui tempi che avrebbero visto svilupparsi nelle campagne agriturismi e fattorie aperte al pubblico, ospitavano in casa studenti e professionisti, inviati dalle scuole o interessati ad apprendere e conoscere quel modello aziendale di cui si parlava tanto.

Tra questi un giorno è arrivato uno studente senegalese, di circa venticinque anni. Era la prima volta che vedevo in carne e ossa una persona di colore, e pensai subito alla statuetta del sapiente nel nostro presepe di casa. Nella mia vita, quel giorno ha rappresentato una svolta che avrei compreso soltanto in seguito: una fortuna, direi quasi un privilegio in quel periodo in cui fare esperienza diretta dell'altro, del diverso da noi era cosa rarissima, se non impossibile.

Si chiamava Francesco. All'epoca non mi ero nemmeno chiesto perché avesse un nome italiano e solo più tardi l'ho collegato al fatto che fosse nato e cresciuto in un villaggio missionario dove aveva frequentato la scuola. Da lì, molto probabilmente, l'origine di quel nome. Altissimo e imponente ai miei occhi di bambino, era sorridente, riflessivo e nel parlare scandiva lentamente le parole. La lingua era piuttosto stentata ma più che comprensibile; del resto, io stesso parlavo soltanto il veneto e avrei imparato l'italiano solo iniziando le scuole elementari.

Francesco era approdato in Italia per apprendere le tecniche della nostra agricoltura e, grazie alle conoscenze acquisite, poter contribuire allo sviluppo del suo paese, una volta tornato in patria. Era riuscito a iscriversi a un corso organizzato da una nostra scuola professionale, e l'istituto che frequentava lo aveva indirizzato alla famiglia dei miei nonni e dei miei zii materni.

Nelle sere d'estate si fermava spesso a parlare e a giocare con me e i miei cugini nella grande corte di casa. Ed è proprio lì che ho i primi ricordi di lui, dei suoi modi garbati, signorili, sia nei movimenti sia nel rapportarsi alle persone in generale e a noi bambini in particolare. Mi sembra ancora di vederlo, seduto a mangiare con noi alla grande tavola che sistemavamo al centro del cortile per stare insieme, sempre composto e premuroso, animato dalla volontà di fare onore all'ospitalità che gli era offerta.

Man mano che prendevamo confidenza, cominciò ad aprirsi e a parlarci del suo paese e della sua famiglia. Per noi bambini, ma penso anche per gli adulti, i suoi racconti avevano il fascino evocativo dei romanzi di Salgari. Non ci era mai capitato, infatti, di sentir parlare in prima persona della vita in Africa, un posto che allora non avremmo mai pensato di poter visitare un giorno. Le sue storie ci giungevano con i colori di un romanzo d'avventura, e a quegli esaltanti racconti replicavamo subissandolo di domande, banali quanto innocenti. Una volta, ad esempio, gli chiesi come fossero le case al suo paese e mi raccontò delle capanne intonacate col fango.

La grande fontana collegata a un pozzo artesiano all'esterno della casa colonica dei miei nonni era una delle cose che attiravano maggiormente la sua attenzione. Spesso ci manifestava il suo stupore per la grande quantità di corsi d'acqua che si incontravano nel territorio, che contrastava decisamente con la situazione della sua terra, dove l'acqua è un bene molto raro. Non a caso, una delle poche occasioni in cui lo vedemmo rabbuiarsi fu quando fece un commento amaro, dubitando che quanto stava apprendendo con fatica da noi potesse realmente servirgli una volta tornato a casa. Dove avrebbe trovato l'acqua per avviare un allevamento e le coltivazioni?

Raccontava spesso della fame che affliggeva il suo paese, di come la miseria convivesse con una violenza diffusa e di quante persone morissero ancora a causa di malattie da noi ormai debellate da tempo. Non ne parlava come di una strage, ma quasi fosse una tragica fatalità, una conseguenza inevitabile della malattia. Nei racconti degli adulti questo aspetto era molto presente perché la nostra sanità – sebbene certamente non ai livelli di oggi – garantiva comunque le cure in ospedale e per lo più da quelle patologie si poteva guarire con un antibiotico o farmaci di base.

Spesso mi è capitato di pensare a lui anche nella mia esperienza di amministratore pubblico e di ministro delle Politiche agricole. Ancora oggi, quando si affronta il tema della crescita dei paesi più poveri, ritorno con la mente alla sua esperienza di innovatore e precursore di un modello di scambio che solo nei decenni successivi avrebbe iniziato ad affermarsi. Nei primi anni settanta aveva lasciato un villaggio sperduto dell'Africa, preso un aereo e raggiunto un paesino altrettanto sperduto del Nord Italia per imparare nuovi modi di allevare il bestiame, produrre latte e mille altre attività per sfamare la sua gente. Sognava per il suo paese un futuro diverso a cui avrebbe contribuito mettendo a disposizione della sua comunità le conoscenze e le competenze acquisite. Amava moltissimo la sua terra e la scelta di un periodo di studio in Italia, per certi aspetti una vera prova di coraggio, ne era la dimostrazione.

Il legame tra la famiglia dei miei nonni e Francesco si è mantenuto anche dopo il suo ritorno a casa e lo scambio di notizie è proseguito finché non abbiamo ricevuto quella più tragica. Appena trentenne, infatti, rimase vittima di un tragico omicidio. Non abbiamo mai saputo se sia stato ucciso da criminali o se si fosse trovato al centro di qualche rivolta sfociata nel sangue. Ricordo solo che, quando arrivò la notizia, il dolore fu grande in casa nostra e tra i tanti che lo avevano conosciuto e stimato.

Quell'incontro casuale della mia infanzia resta un punto fermo, un primo segnale, timido ma eloquente, per quella generazione di ragazzi, a cui appartengo, che ha visto il mondo globalizzarsi; un segnale giunto con largo anticipo rispetto all'immigrazione di cui la nostra terra è stata protagonista negli ultimi trent'anni. E che avrebbe avuto inizio di lì a poco, quasi in sordina, con l'arrivo di quelli che all'epoca erano comunemente chiamati i «marocchini». Dalla semplice provenienza geografica – tutt'oggi in Veneto quella marocchina è la più grande comunità straniera –, il termine in quegli anni aveva finito per indicare una precisa categoria di venditori ambulanti, per l'esattezza porta a porta. Un modo decisamente stereotipato di descrivere la realtà, ma frequente in un periodo in cui iniziavamo ad aprirci a un mondo che man mano avremmo scoperto essere molto più complesso e variegato di quanto potessimo vedere allora.

La figura del venditore porta a porta è una tra quelle che popolano i ricordi della mia infanzia. A cominciare dal furgoncino della frutta e della verdura, parcheggiato proprio vicino all'uscio di casa o in una postazione «strategica» lungo la strada da cui poteva servire più famiglie. A giorni alterni, arrivava anche il commerciante che portava le bottiglie d'acqua alle poche famiglie che allora acquistavano quella minerale, non perché si preferisse quella gasata, ma semplicemente perché esistevano ancora case senza acqua potabile. Altra presenza familiare era poi il venditore di piccoli oggetti casalinghi, scope, secchi, detersivi e altro. In alcuni paesi girava per le case anche chi commerciava in articoli di merceria. D'estate, poi, non mancava mai il richiamo dell'ambulante che vendeva le angurie e del gelataio che, in anni in cui di rado si sarebbe potuti arrivare fino al bar, portava il prodotto direttamente al cliente.

Un sistema di vendite che, se da un lato contribuiva a mantenere chiusi i paesi perché riduceva la necessità di andare altrove per certi acquisti, dall'altro metteva in contatto con operatori che venivano da fuori e che giravano tutta la zona e anche altre regioni, favorendo così pure la diffusione di notizie.

All'epoca questa rete era la nostra Amazon, un sistema basato su un calendario fisso che consentiva di ricevere tutto a casa, nonostante il paese avesse comunque una sua economia vivace. Un mondo itinerante, per il quale non occorreva neanche il telefono, presente soltanto in alcune case; noi eravamo gli unici nel circondario ad averlo, per via del lavoro di meccanico del papà.

In quella rete cominciò pian piano a inserirsi una figura nuova: il «marocchino», appunto. Erano venditori senza furgone, camminatori infaticabili, con il loro grande borsone e uno o due tappeti in spalla. Ben presto ci abituammo a quella presenza sulle strade dei nostri paesi e al contatto quotidiano.

A ripensarci, non sono stati solo dei venditori, ma potrebbero essere definiti una sorta di *interior designer*. Tra la loro mercanzia, infatti, offrivano piccoli oggetti di arredamento, che forse oggi sarebbero considerati kitsch, ma che allora si trovavano in ogni casa delle nostre campagne: difficilmente c'era una famiglia che non avesse almeno un tappeto arrivato attraverso questo canale. Le abitazioni all'epoca erano povere, segnate da anni di miseria, e le prime avvisaglie del benessere in arrivo avevano le fattezze di quegli oggetti acquistati per poche lire, che solo alcuni anni prima sarebbero stati considerati uno spreco, un lusso, soldi buttati via. Così hanno fatto la loro comparsa il portasigarette di legno con l'uccellino, la sveglia con la gallina che scandiva i secondi beccando il mangime, l'orologio a muro per la cucina e il componente d'arredo che era considerato un vero salto di qualità: il barometro in legno scuro con il termometro.

Quei primi immigrati sono stati gli apripista di spostamenti e flussi che arriva fino a noi oggi, anche se nessuno allora poteva immaginarlo. Parlando con loro apprendevamo che avevano lasciato il Marocco per sfuggire a una pesante crisi economica. In quegli anni, infatti, il regno nel Nord Africa era colpito da una durissima depressione finanziaria che aveva fatto registrare una crescita record della disoccupazione, in particolare tra i giovani e tra i padri di famiglia. Quell'esodo segnava un cambiamento fondamentale nella storia dei paesi magrebini, perché a migrare non era più solo la popolazione delle aree più povere e svantaggiate. Cominciavano i primi viaggi della speranza con partenze anche dalle regioni che fino a quel momento erano le più economicamente avanzate.

Non si è mai saputo neanche di una sola famiglia che abbia chiuso la porta in faccia a questa prima forma di immigrazione. Forse a renderlo possibile è stato il modello della nostra vita sociale, impostata da secoli sulla fiducia, in cui era normale andare a bussare al vicino e chiedere in prestito qualche alimento esaurito in dispensa. E di norma la porta era sempre aperta; persino quando non c'era nessuno in casa, si lasciava la chiave sotto lo zerbino o sotto il vaso dei gerani. Chiunque sarebbe riuscito a entrare, volendo. Devo dire però che, oltre alla fiducia, era molto diffuso il rispetto della proprietà, e anche solo il sospetto di essere un ladro veniva vissuto come un'onta terribile, perché esponeva alla gogna sociale.

Ogni zona aveva il suo «marocchino». In quella dove abitavo io ricordo che era di casa Mario. A dire il vero, con il tempo abbiamo scoperto che il suo vero nome era Mohammed ma, da buon imprenditore, aveva saputo valutare il contesto agendo di conseguenza. Aveva subito compreso che nella nostra campagna di cinquant'anni fa, dove si comunicava in veneto stretto, a volte molto diverso da zona a zona, le persone avrebbero incontrato non poche difficoltà nel capire e pronunciare il suo vero nome, e aveva deciso di adottarne uno italiano. Una scelta consapevole, sicuramente segno di astuzia commerciale, ma senza dubbio indicativa anche di una sorta di disperazione che spingeva chi già era stato costretto a cercare fortuna in terra straniera a sacrificare persino la propria identità.

Mario veniva da Casablanca, dove aveva lasciato quattro figli. Non ricordo che i miei genitori abbiano comprato molte cose da lui, forse mia madre un tappeto. Mi sembra ancora di sentire, invece, il saluto che annunciava il suo ingresso in casa quando, trovandosi di passaggio a Bibano, arrivava da noi a mezzogiorno. A quell'ora ci riunivamo per il pranzo e lui si sedeva a mangiare un boccone insieme a noi, come succedeva con molti altri passanti. Non una volta che sia stato allontanato o che gli sia stato preparato un panino da mangiare per strada per mandarlo via: alla nostra tavola ha sempre trovato posto.

E non era solo la nostra famiglia a comportarsi così: nelle case tra i campi in cui questi ambulanti percorrevano chilometri per raggiungere i vari nuclei familiari, nessuno era vittima di episodi di razzismo o veniva trattato con insofferenza. Neppure la differenza di religione costituiva una possibile barriera.

Che esistesse il razzismo lo avrei appreso solo dopo, dalla scuola e dalla televisione. Proprio per il rapporto che si era instaurato con Francesco quando era ospite dei miei nonni, fu una scoperta che mi colpì profondamente. Come avrebbe potuto qualcuno anche soltanto pensar male di un ragazzo come lui, solo per il colore della sua pelle?

Il primo incontro con questa realtà avvenne alle elementari attraverso il romanzo dello scrittore afroamericano Alex Haley, *Radici*, un testo che non dovrebbe essere dimenticato e che non sarebbe male riproporre ai giovani di oggi. Restai impressionato dalla vita di Kunta Kinte e mi appassionai alle vicende di quel giovane catturato come un animale, in Gambia, strappato alla sua tribù, privato della libertà e della dignità per essere venduto come schiavo nell'America delle piantagioni.

In quella storia avevo colto alcuni lontani echi dei racconti di mio nonno Enrico, che si erano subito tramutati in tante domande alla ricerca di notizie e spiegazioni. Da lui, infatti, nato da emigranti in Brasile nel 1896, sentivo spesso ripetere che i lavoratori italiani erano trattati come schiavi, ricercati e visti solo come uomini di fatica, scelti sulla base di parametri che si applicherebbero più a una bestia da soma che a un essere umano. Solo crescendo avrei capito che la pur grave situazione che i nostri avi dovettero affrontare negli anni dell'emigrazione ottocentesca non era paragonabile alla vera schiavitù.

Se la penna di Haley ha avuto il merito di portare alla nostra attenzione un tema tanto importante, è stata la miniserie televisiva a farlo arrivare al grande pubblico. Il romanzo aveva infatti ispirato una popolare serie, prodotta negli Stati Uniti nel 1977 e trasmessa in Italia l'anno successivo. In quell'occasione, la nostra maestra, Maria Teresa, ci aveva illustrato e fatto leggere il libro e poi, approfittando dello sceneggiato mandato in onda dalla Rai, ne trasse uno spunto originale per proporci qualcosa di nuovo per l'epoca, un modo intelligente di catturare la nostra attenzione e spingerci a riflettere su quello che vedevamo, e che ritengo abbia anticipato in maniera lungimirante un modello di insegnamento. Ci assegnò infatti un compito insolito: avremmo dovuto guardare ogni puntata dello sceneggiato, che la mattina successiva sarebbe stata oggetto di una sorta di dibattito in classe. Ognuno di noi avrebbe dovuto riferire i passaggi della puntata che lo avevano colpito e spiegare ai compagni perché, formulando le proprie considerazioni. Ne nasceva un confronto che si animava e si arricchiva delle osservazioni di tutti. Prendere parte a quei dibattiti era molto stimolante perché imparavamo ad affrontare in modo maturo l'argomento, a metterci in gioco con le nostre idee, consolidando anche le conoscenze storiche che apprendevamo a scuola e che potevamo collegare all'attualità, anche sportiva. Penso ad esempio alla quantità di medaglie e primati che molti paesi mietevano grazie agli atleti di colore, e al calcio, che all'epoca trovava la sua massima espressione in Pelé, il grande campione che certamente nessuno considerava per il colore della sua pelle, quando entrava in campo lasciandoci di stucco con le sue prodezze rimaste memorabili.

Da amministratore pubblico, oggi ritengo che quell'insegnante avesse davvero trovato una chiave unica per avvicinarci al tema e le sono profondamente grato per gli stimoli culturali che ha saputo dare a noi ragazzi di una scuola di campagna. In merito a un argomento tanto delicato, sulla scia dell'attenzione suscitata dalla serie, è riuscita a impostare uno specifico programma educativo a costo zero, nelle forme e nei modi dell'epoca. Non lo ha fatto partendo da un episodio di attualità, ma affrontando il fenomeno dalle origini. Soprattutto spingendoci a fare i conti con domande che altrimenti non ci saremmo nemmeno posti. Nessuno di noi aveva mai neanche riflettuto sul perché, in un continente pur così distante dall'Africa, una parte tanto consistente della popolazione fosse di colore.

Io scelsi di portare alla discussione con i compagni l'episodio in cui Kunta Kinte viene privato del nome (da quel momento in poi sarebbe diventato «Toby»), selvaggiamente frustato, torturato e punito a ogni minimo accenno di ribellione, fino a essere gravemente mutilato. Mi inorridiva l'idea che un uomo non solo potesse essere venduto e trattato come una bestia, ma anche spogliato dell'identità e della storia che sono racchiuse nel suo nome.

Nel mio immaginario, i tratti fisici di Kunta Kinte si sovrapponevano a quelli di Francesco, con cui giocavo e parlavo a casa dei miei nonni. Immergermi in una realtà storica in cui era legale la tratta delle persone, la loro vendita pubblica al pari di un asino o di un bue, mi ha aiutato ad aprire gli occhi su un mondo in cui c'è chi ritiene che tra gli uomini ci siano esseri inferiori. Una vergogna che difficilmente l'umanità potrà mai scontare.

Nella mia ingenuità di bambino, cercavo senza riuscirci di trovare una ragione per giustificare la crudeltà che si manifestava in quelle immagini di un ragazzo ridotto in catene e dei compagni che venivano uccisi perché si ribellavano, con centinaia di altri ragazzi senza colpa ammassati su una nave, che si allontanavano guardando scomparire all'orizzonte la loro terra e sapendo che non l'avrebbero più rivista. Una doppia perdita di identità, come persone e come popolo. Un'identità che non è mai stata restituita e che oggi continua a essere cancellata per altre vittime con nuove forme di schiavitù.

Penso ad esempio alla tratta delle donne gestita dalla malavita organizzata per alimentare la prostituzione; un nuovo commercio di esseri umani spesso nelle mani di loro connazionali. Che non sia tanto diverso dal modello antico ma solo un aggiornamento dei nostri tempi lo dicono le testimonianze delle ragazze sfruttate, malmenate, mutilate, torturate, violentate, private di ogni libertà e della loro dignità.

Ma esiste anche una forma di schiavitù che opprime uomini e donne irretiti attraverso la promessa di trovare sostentamento nel lavoro e che invece si ritrovano in condizioni ancora più umilianti di quelle da cui erano fuggiti. Mi riferisco agli immigrati, vittime di criminali loro connazionali ma anche italiani, che vengono sfruttati e relegati ai margini della società, in balia di un lavoro precario e di odiosi soprusi con l'unico scopo di garantire manodopera a costi irrisori. Non si può che definire schiavitù, infatti, la condizione di una persona che riceve a fine giornata non più di qualche euro dopo essersi spaccata la schiena nei campi, sotto il sole, nei casi migliori; nei peggiori viene addirittura picchiata e privata del passaporto per impedirle di allontanarsi.

Non è diversa, poi, quella che potremmo definire «schiavitù familiare», un fenomeno in qualche modo ancora inesplorato che vede molte donne costrette a lasciare il loro paese per sposarsi e vivere sottomesse al marito, che le considera alla stregua di animali o di oggetti.

Tutte queste situazioni in cui è possibile imbattersi ai giorni nostri ci dicono che il romanzo di Haley è ancora attuale, che il senso del suo messaggio non si è affatto esaurito con la liberazione degli schiavi negli Stati Uniti nel 1865.

Con il passare del tempo mi sono chiesto spesso come mai alla fine degli anni settanta *Radici* avesse calamitato così tanto l'interesse del pubblico. Probabilmente perché colmava una lacuna su un argomento che, fino ad allora, avevamo pensato non ci riguardasse troppo da vicino.

In Italia infatti non se ne parlava molto, o quantomeno non in un modo che potesse raggiungere un pubblico di massa, uscendo dai confini della cultura istituzionale. Probabilmente in parte perché si riteneva che non avesse a che fare con la realtà del paese. Questo nonostante neanche quarant'anni prima, nel 1938, durante il fascismo, la nostra nazione avesse conosciuto l'onta delle terribili leggi razziali. Leggi che, seppure certamente non furono volute dalla maggioranza della popolazione, non trovarono però una resistenza compatta nell'opinione pubblica – se non naturalmente nelle azioni meritorie dei singoli –, con il risultato che vennero esclusi dalla vita del paese coloro che non erano ritenuti di razza italiana, in particolare i cittadini ebrei. Cittadini appartenenti a una comunità che, come a Venezia e nel Veneto in generale, aveva dato un enorme contributo alla crescita della società e allo sviluppo della cultura.

Né allora si era vicini alla consapevolezza, maturata più avanti, di dover fare i conti con la memoria dei possedimenti coloniali italiani nel Corno d'Africa.

La felice intuizione della maestra, che aveva saputo combinare l'opportunità offerta da un racconto appassionante con il dibattito critico sulle idee, ci ha permesso di aprire gli occhi sulla schiavitù nella sua tragica declinazione americana, come non era stato possibile fare attraverso i libri di scuola, dove la questione era presentata come frutto di passaggi quasi automatici: gli schiavi al lavoro nelle piantagioni di cotone, l'abolizione della schiavitù a opera di Abraham Lincoln, la guerra di secessione persa da chi avrebbe voluto mantenere lo status quo. Così presentate, non erano che nozioni di scarso interesse per noi ragazzi. Grazie a quei dibattiti improvvisati, invece, abbiamo potuto renderci conto che non si trattava di un automatismo, una semplice successione di eventi, ma di un orribile e grave fenomeno culturale, di costume e di mentalità che veniva da lontano e che sarebbe stato molto difficile estirpare per sempre, superando leggi e decreti.

Se pensiamo di sconfiggere il razzismo in ogni sua forma con la legge, rischiamo di arrivare a una soluzione solo parziale del problema. I provvedimenti legislativi, infatti, sono un segnale importante, ma non incidono in profondità sulla mentalità degli individui e la cultura di una società. Questa cultura si costruisce prima di tutto in famiglia e a scuola. Spero di non apparire superficiale se propongo di procedere per tentativi e piccoli esperimenti, come quello che la maestra Maria Teresa aveva proposto con *Radici*, arrivando a definire quella formula così fruttuosa. Se già all'epoca quell'esperienza ha prodotto risultati duraturi su noi alunni, pensiamo a cosa potrebbe generare oggi, con i nuovi mezzi di comunicazione.

Anche qui si tratta di far diventare consuete e naturali pratiche che dobbiamo ancora sforzarci di apprendere, come avvenuto ad esempio per la sicurezza stradale. La scala di valori che vogliamo porre a fondamento di un paese civile, e capace di allontanarsi per sempre da esempi e idee nefaste che hanno radici nel passato, deve essere trasmessa ai nostri ragazzi al pari di altre materie che affrontano a cominciare dal primo apprendimento e poi progressivamente lungo il percorso di studi. Non tutte le famiglie hanno gli strumenti o la capacità per garantire un'educazione efficace su questi temi e spetta all'istituzione scolastica contribuire a formare una comunità solida sotto il profilo valoriale.

Un compito che oggi sembra ancora arduo perché a volte non ci si accorge nemmeno che vengono negati, questi valori, tanto certe forme di razzismo occulto sono incistate nelle pieghe della quotidianità.

Non serve nemmeno risalire indietro nel tempo a Kunta Kinte. Credo di non scandalizzare nessuno se, pur consapevole delle dovute differenze, confesso di accostare a questi temi anche altre esperienze, più vicine a noi. Mi capita spesso di pensarci l'8 agosto, in occasione dell'anniversario della strage di Marcinelle del 1956, la tragedia nella miniera di Bois du Cazier in cui morirono centotrentasei lavoratori italiani, tra i quali un gruppo di veneti. Praticamente ogni famiglia ha conosciuto l'emigrazione e sono un'infinità quelle in cui almeno un parente ha lavorato come minatore in Belgio; gente che ha affrontato l'impossibile per inseguire il sogno di migliorare la propria condizione, dando dignità alle proprie famiglie e alle proprie case.

È vero, i nostri minatori in Belgio percepivano una retribuzione e si trovavano in condizioni ben diverse da quelle della schiavitù americana, ma erano di fatto manodopera inviata in cambio di quintali di carbone destinati all'Italia. In poche parole quegli uomini, sulla base di precisi accordi internazionali, erano oggetto di una sorta di baratto per ottenere materie prime.

Paesi riconosciuti tra i più civili al mondo, a circa un secolo di distanza dall'abolizione della schiavitù in America, sottoscrivevano accordi in cui non si parlava di schiavi, ma a interessare erano comunque le braccia più delle persone e in sostanza gli uomini erano ancora considerati merce di scambio. Anche per questo da amministratore mi sono sempre impegnato affinché sia tenuta viva la memoria di quel tragico evento.

Ripensando ai tempi di Mario/Mohammed e dei suoi connazionali che dividevano la tavola con noi e si sforzavano di parlare in veneto, mi sono chiesto spesso: che cos'è successo? Quali cambiamenti hanno portato al clima di oggi? Come siamo arrivati a questo punto?

Non so come Mario fosse giunto in Italia, ma certamente la sua presenza e quella dei suoi connazionali non erano percepite come un'invasione di massa. I numeri progressivamente sono aumentati a dismisura e questo ha influito sul rapporto con gli immigrati. Mario, come ho già detto, era diventato uno di noi. La conoscenza e la frequentazione diretta rendevano meno probabile l'insorgere di un clima di diffidenza e di sentimenti ostili che non avevano alcun fondamento. Quelle presenze note e familiari che frequentavamo al bar del paese e incontravamo in piazza hanno lasciato spazio a centinaia di migliaia di sconosciuti con cui non riusciamo a comunicare.

Certamente la complessità del fenomeno migratorio oggi è tale che non può essere gestito con rozze generalizzazioni o promuovendo facili slogan che lasciano il tempo che trovano. Credo però si possa dire che tra le tante ragioni di questa assenza di controllo sull'immigrazione abbia pesato anche un certo buonismo di fondo, che da un determinato momento in poi ha condizionato i processi di accoglienza. Figli di una cultura cristiana che promuove i valori di ospitalità, carità, solidarietà, compassione e aiuto al prossimo, di fronte all'impatto dell'immigrazione non ci siamo preoccupati di stabilire anche delle regole precise, la prima delle quali è pretendere che vengano rigorosamente rispettate quelle già esistenti nel paese di arrivo.

È un concetto che non avrebbe bisogno di essere esplicitato. È chiaro a tutti, infatti, che quando andiamo a casa di un'altra persona ci è richiesto di rispettare le regole di chi ci ospita. Ed è ovvio che, se a casa propria si è liberi di non conformarsi a certe norme, non si può farlo anche a casa degli altri; tantomeno si può pretendere di essere giustificati perché si è ospiti.

Quello che non viene preso nella dovuta considerazione interrogandosi sul rispetto delle regole è che, con il passare degli anni, nella mente dei cittadini qualcosa è cambiato. È scattato un processo che ha invertito irrimediabilmente quella che prima era una consuetudine che non ci si sarebbe mai sognati di mettere in discussione. Il nostro amico Mario che veniva dal Marocco era già avanti con gli anni quando ero ragazzino, ma credo abbia fatto in tempo a vedere quello che altri dopo di lui hanno drammaticamente vissuto sulla propria pelle: porte chiuse e sprangate senza nessuno ad aprirle, a tendere loro una mano, e questo nelle stesse case in cui si trovava sempre un posto, in cui si veniva accolti come un familiare.

Spesso vicino alla cassa dei negozi si trova un cartello che recita: «Per colpa di qualcuno non si fa più credito a nessuno». Il comportamento di una parte di immigrati, non maggioritaria ma sicuramente influente nel produrre questi effetti, ha gettato discredito su intere comunità. Aggressioni, furti, spaccio di droga, sfruttamento della prostituzione e altri reati non sono fantasie. Tutte cose – è bene ribadirlo – intollerabili, a prescindere da chi sia e da dove provenga chi se ne rende colpevole. Ma è inevitabile che la paura si sia tradotta in una forma di istinto che spinge a rivendicare la propria sicurezza. Prima di tutto i cittadini si sentono comprensibilmente disorientati da un clima di immigrazione incontrollata e non regolata, nel quale fenomeni come quelli descritti hanno potuto proliferare, rendendo ancora più difficile la situazione.

La gestione della prostituzione, ad esempio, è talmente aggressiva che ha soppiantato quella condotta dalla delinquenza nostrana, con il drammatico risultato di tante ragazze finite in quella tratta disumana contro la loro volontà.

Altra gravissima emergenza è lo spaccio di droga. Anche la comunità magrebina, la prima arrivata in Veneto senza alcun problema di convivenza e tuttora ben accetta e rispettata per i suoi tanti esponenti che lavorano e hanno contribuito alla crescita del territorio, purtroppo ha finito per essere associata alla piaga dello spaccio. Altre comunità straniere, inoltre, hanno preso in mano vari settori del commercio illegale di stupefacenti, anche in società con malviventi italiani.

Se guardiamo i numeri della popolazione carceraria, scopriamo che, a fronte di circa il 9% complessivo di cittadini immigrati su territorio italiano, la percentuale di quelli reclusi è molto elevata.

È da persone scorrette risolvere la questione dicendo che tutti gli stranieri sono delinquenti, perché significa gettare benzina sul fuoco e chi si esprime così non ha a cuore la serenità del paese. Dobbiamo chiederci invece perché in Italia abbiamo cifre come quelle che vengono riportate. Da un lato c'è la diffidenza dei residenti esasperati che si è radicalizzata, dall'altro dobbiamo affrontare la realtà di leggi italiane che non garantiscono la certezza della pena e la punizione dei responsabili di reati.

Non sono il solo a formulare queste considerazioni. A manifestarmi la loro preoccupazione per il nuovo corso dell'immigrazione senza regole sono gli stessi rappresentanti di tutte le comunità nazionali di immigrati: lavoratori onesti e inseriti nella società che rappresentano la maggioranza degli stranieri che hanno trovato nel Veneto un luogo per realizzare le loro sacrosante e legittime aspirazioni. Sono i primi a sentirsi penalizzati, i primi a rimetterci in questa situazione in cui fa più rumore un albero che cade che la foresta che cresce. A metterli in allarme, in particolare, è che molti connazionali inclini a comportamenti non ortodossi e abituati alle pene severissime dei paesi di origine qui da noi si sentono come approdati a un eldorado, dove nessuno viene punito; non solo, quindi, l'Italia sembrerebbe essere il luogo perfetto per delinquere, ma si sentono incentivati a farlo. Se si considera che al mondo esistono ancora paesi dove per un furto – quello che da noi sarebbe definito «un semplice furto» – si va incontro a pene inumane come il taglio delle mani, o dove lo stupro è punito con la pena di morte o l'ergastolo, va da sé che alcuni soggetti che hanno come termine di paragone queste realtà possano pensare di aver raggiunto il paese di bengodi, dove è difficile far applicare una condanna e dare corso alla pena.

Voglio essere chiaro: questo non giustifica in nessun modo atteggiamenti di odio e neanche di chiusura indiscriminata verso lo straniero. Ma forse può aiutarci a comprendere come da un inizio senza alcun attrito siamo arrivati a una sorta di rifiuto, determinato dalla diffidenza ormai diffusa.

È questa paura dell'altro che rischia di far proliferare tra i cittadini un sentimento identitario sbagliato, fondato sul pregiudizio di essere migliori. Vedere nell'immigrazione una minaccia per l'abituale tranquillità di certe zone, qualcosa che mette a repentaglio l'ordine pubblico, può diventare la leva di una reazione psicologica che a lungo andare rischia di mettere in discussione la convivenza e il cosmopolitismo a cui la nostra società deve aspirare, e di cui peraltro ha sempre dato prova nella storia secolare che ha alle spalle. Proprio in ossequio al modello che nel passato ha contraddistinto la nostra società, penso si debba pretendere il rispetto delle regole senza se e senza ma.

Capita a volte di sentir dire in giro una battuta sulla presunta differenza tra due modi di intendere il rispetto delle regole: da un lato quelli che sostengono che chi sbaglia vada punito, dall'altro quelli convinti che si debba prima valutare se chi ha commesso il reato abbia avuto un'infanzia difficile. È una battuta, per molti aspetti anche ingiusta, ma è pur vero che troppo spesso nella nostra società prevale la tendenza a concedere mille attenuanti, soprattutto da parte di opinion leader da salotto che conoscono poco la vita quotidiana dei cittadini.

Non ho mai nascosto che di fronte a certi reati ritengo necessario un inasprimento delle pene, indipendentemente da chi li abbia commessi. Bisogna uscire dalla logica buonista e avere il coraggio di farlo con fermezza. Ma, in attesa di un simile provvedimento, rimane fondamentale garantire l'applicazione universale e con il massimo rigore delle pene previste dalle leggi vigenti. Solo sulla base della certezza del diritto, infatti, si restituisce la sicurezza ai cittadini.

Sull'incertezza, il lassismo e il buonismo hanno proliferato la delinquenza e l'immigrazione clandestina, ma anche la strumentalizzazione e una visione che tende a ingigantire il problema. Il risultato è che siamo passati dal mondo di Mario, che era accolto nelle nostre case, a un mondo in cui interi quartieri sono in mano agli immigrati irregolari, e nei quali la sicurezza è ridotta ai minimi termini. E questo ha prodotto nel tempo una chiusura.

Non dimenticherò mai l'insegnamento che ho fatto mio con le lezioni su *Radici.* La sola idea che esista la possibilità di considerare un uomo superiore a un altro per il colore della pelle, per l'appartenenza etnica o per qualsiasi altra ragione, va combattuta e contrastata fin dalle prime forme di educazione, in famiglia come a scuola, in un percorso che non deve e non può conoscere battute d'arresto e che non può essere lasciato al caso. È altrettanto importante però prendere atto di alcuni meccanismi sociali che non hanno nulla a che vedere con il razzismo, ma sono piuttosto forme di protesta contro politiche scriteriate nella gestione dei flussi migratori, che rischiano di diventare atteggiamenti radicati, nel momento in cui il cittadino non sente più garantita la sua sicurezza.

È fuor di dubbio che i delinquenti siano tutti uguali, nessuno può permettersi di pensare che ci sia una «gerarchia» per cui si può tollerare la criminalità di casa propria mentre va condannata quella legata all'immigrazione. Le comunità straniere sono composte per la maggior parte da esempi positivi di affermazione personale e di integrazione sociale. La certezza del rispetto delle regole è l'unico modo per tutelare anche queste persone e scongiurare definitivamente forme di chiusura preconcetta che portano a contrapposizioni e, alla lunga, possono esplodere in gravi conflitti sociali, come abbiamo visto succedere in altri paesi che hanno affrontato queste realtà prima di noi.

Da alcuni decenni continuiamo a parlare di immigrazione, ma mi chiedo se invece non sia più opportuno parlare di migrazioni. Spostamenti che un tempo avvenivano nel corso di secoli, oggi si compiono in poche ore d'aereo per i più fortunati, o di traversata del Mediterraneo su natanti precari per gli altri. Non è solo uno spostamento di uomini, ma anche un confronto di culture e modi di intendere la comunità umana, oltre che la vita del singolo. Fin quando non comprenderemo questo, non faremo passi avanti nella definizione del paese che intendiamo costruire.

4.
Per una parità reale

Rigorosamente vestite di scuro, con calze e scarpe nere e i capelli raccolti in un fazzoletto, anche questo invariabilmente scuro, annodato sotto il mento o dietro la nuca. Qualcuna osava rompere quella monotonia cromatica con un foulard fantasia, il più delle volte a fiorellini, ma sempre su fondo cupo, senza mai scrollarsi di dosso quell'impressione generale di mestizia. Erano ancora tante le signore che, nel periodo della mia infanzia, si potevano incontrare mentre percorrevano a piedi o in bicicletta le strade che collegavano le case dei contadini per raggiungere i centri abitati nei quali si concentravano i pochi esercizi commerciali, il bar e la chiesa.

Negli stessi anni molte altre sfrecciavano già su quelle strade alla guida di un'automobile, come mia madre sulla sua Cinquecento bianca. Le ragazze sperimentavano la moda che gli anni sessanta avevano diffuso tra i giovani di tutto il mondo: vestivano a colori, con jeans a zampa di elefante e maglioni sgargianti. E non era poi così raro nei nostri paesi vedere le prime audaci minigonne, indossate anche in chiesa la domenica.

Erano gli anni dell'emancipazione, ma quelle signore vestite di scuro, come se fossero sempre in lutto, continuavano a essere una presenza costante nelle nostre campagne. I due stili di abbigliamento convivevano e si confondevano nei negozi, come dal *casoin* – che in veneto indicava le botteghe di una volta, nelle quali si poteva trovare di tutto, dal latte ai salumi – dove le donne si ritrovavano per provvedere alla spesa per la famiglia.

Quella della spesa, negli anni in cui ero bambino, era ancora vista come una prerogativa esclusivamente femminile, un'incombenza che le nostre nonne e madri si tramandavano di generazione in generazione. Ad accompagnarle erano al massimo i figli più piccoli che dovevano portare con sé per accudirli. Io non facevo eccezione, attaccato alle gonne di mia madre percorrevo con lei quelle distanze quando era costretta a spostarsi da un negozio all'altro per le commissioni quotidiane.

Da bambino ero talmente convinto che quello degli acquisti alimentari fosse un incarico femminile che non potrò mai dimenticare il giorno in cui per la prima volta sono andato a fare la spesa con mio padre. Avevo cinque anni e nella mia memoria rimane ancora un vero e proprio evento. Fino a quel momento ci aveva sempre pensato la mamma e probabilmente per mio padre quella era stata un'assoluta novità, tanto che mi è rimasta in mente l'immagine di lui quasi impacciato nel cimentarsi in quell'impresa inedita.

Nonostante il rapporto tra marito e moglie sia sempre stato all'insegna del rispetto e della parità, infatti, anche nella mia famiglia i ruoli erano in linea con le convenzioni dell'epoca, per cui risultava quasi impensabile che il marito si occupasse della spesa o di altre mansioni ritenute appannaggio della donna.

In quei giorni era appena nata mia sorella Elisabetta e la mamma si trovava ancora in ospedale. A casa eravamo rimasti noi due «uomini» e al papà toccava anche l'insolito compito di provvedere al sostentamento di entrambi. Fu così che, in un negozio che ricordo più grande di quelli in cui ero stato fino a quel momento, forse un primo prototipo di supermercato – ben lontano non solo dagli ipermercati di oggi, ma anche dai minimarket di venti o trent'anni fa –, mi ritrovai al suo fianco, tra gli scaffali.

Come tutti i bambini ero attratto dalle confezioni di prodotti alimentari che all'epoca cominciavano a differenziarsi in forme appositamente ideate per catturare l'attenzione e i desideri non di un acquirente generico, ma di specifiche fasce di consumatori, anche sulla base dell'età. Oggi vedere un bambino insistere con i genitori affinché gli comprino il prodotto che desidera è una scena comune, così come la loro perplessità e l'indecisione sull'opportunità di assecondare o meno quella voglia improvvisa. Nel periodo della mia infanzia, invece, rappresentava una novità.

In quegli anni tutto era nuovo, soprattutto per chi come me era cresciuto in campagna, dove fino a quel momento le scorte alimentari delle famiglie erano rimaste escluse dalle dinamiche del consumismo e dalla competizione tra prodotti rivali; lo stesso *Carosello*, che andava in onda dopo il telegiornale della sera per dare quelli che oggi sarebbero definiti «consigli per gli acquisti», era seguito soprattutto per i filmati che trasmetteva, con le canzoni e gli sketch che ci divertivano tanto, e i cui protagonisti erano gli attori e le attrici più famosi del momento.

Erano gli anni in cui noi bambini venivamo spediti a prendere il latte appena munto nelle stalle e non si immaginava neppure che sarebbe arrivato un tempo in cui «riciclo», «economia circolare» o «riuso» sarebbero diventate parole chiave di un mondo all'avanguardia. Semplicemente, allora era già quella la nostra realtà. Alla stalla infatti si andava ogni sera con lo stesso bidoncino di alluminio che veniva svuotato in cucina, una volta rientrati a casa. Un contenitore che riproduceva in piccolo quelli usati nelle latterie per il trasporto di grandi quantità. Con il manico semicircolare veniva trasportato appeso al manubrio della bici dove, dondolando contro la forcella, a furia di colpi e ammaccature assumeva col tempo tutt'altra forma, man mano sempre più «astratta», che testimoniava l'anzianità del contenitore.

A rifornirci di uova provvedevano direttamente le galline che popolavano i cortili di tutte le case e la notte si ritiravano nel pollaio dopo aver scorrazzato libere tutto il giorno. La produzione in proprio, o in collaborazione con i parenti, era una consuetudine che valeva per mille altri prodotti alimentari, dagli ortaggi agli insaccati, dai formaggi al vino.

I negozi di paese, quindi, per lo più vendevano quello che non era possibile procurarsi in autonomia. Nei miei ricordi d'infanzia rimangono ambienti simili a empori del Far West – sui quali la mia passione per i cavalli mi portava a fantasticare – più che a luoghi di commercio al dettaglio. Vi si trovava un po' di tutto, ma non si può certo dire che ci fosse una vasta scelta. L'assortimento comprendeva i più comuni tipi di pasta, quasi sempre di un'unica marca, salsa o pelati in latta di un solo produttore e così via per tutti i generi alimentari. Molto spesso non era necessario nemmeno il banco frigo, perché insaccati e formaggi, come avveniva anche nelle case, erano a portata di mano nell'angolo più fresco in un contenitore aerato, simile a un telaio chiuso con una rete per tenere lontani gli insetti e altri animali.

Su tutto dominava un odore in particolare, penetrante e avvolgente, che copriva gli altri e rimaneva nelle narici anche una volta usciti dal negozio: quello del baccalà, termine con cui da noi si intende lo stoccafisso, il merluzzo essiccato all'aria. I tranci venivano conservati in sacchi aperti, con il risultato che si può immaginare. In un solo periodo dell'anno, dopo le vendemmie, in autunno inoltrato, quando in ogni famiglia si confezionavano gli insaccati, l'odore del baccalà veniva contrastato da un altro, nauseabondo, quello dei budelli essiccati e conservati sotto sale, che, fatti rinvenire nell'acqua, venivano utilizzati dai contadini per produrre salami, salsicce, soppresse e ossocollo.

La figura cardine di quei negozi era il banconiere, una vera istituzione del paese, che dimostrava una perizia chirurgica nel taglio dei salumi e una cura quasi maniacale nel pesare qualsiasi prodotto. Non c'erano infatti confezioni già pronte né quantitativi standard, tutto era venduto a peso, molto spesso in dosi minime. Infrangere questa regola significava «sprecare» in un periodo in cui vigeva un rigoroso rispetto nei confronti del cibo. Ogni famiglia provvedeva da sé ai suoi insaccati, e l'unico che, raramente, si comprava al negozio era il prosciutto, quello cotto perché costava meno. Mia madre ne chiedeva mezzo etto – che era poi la richiesta media di tutte le acquirenti –, il negoziante tagliava quelle poche fette e le lanciava sulla bilancia. Erano sempre cinquanta grammi esatti, né uno di più né uno di meno. Anche le caramelle si vendevano sfuse, prelevate direttamente con le mani da grandi contenitori di vetro allineati sulla mensola dietro il banco. Qualcuna ogni tanto serviva anche per arrotondare la spesa per il formaggio e altri prodotti.

La bilancia e l'affettatrice sul banco erano gli unici strumenti di quei negozi semplici, molto spesso nati da cooperative di consumo sorte tra le famiglie per assicurare un servizio al paese. Con l'idea dello scontrino ancora di là da venire, un cassetto si apriva e si chiudeva per estrarre e riporre un quaderno su cui si annotava la merce messa in conto a ciascuna famiglia; più raramente per riporre il contante. Ben prima che facessero la loro comparsa le modalità di pagamento digitale, infatti, nel mio paese l'uso del denaro veniva riservato a qualche rara circostanza, e il contante girava poco, soprattutto in occasione della chiusura dell'annata agraria.

I pochi negozi esistenti, peraltro, condividevano la loro missione con la rete capillare di venditori porta a porta di ogni sorta di mercanzia. Per comprare generi diversi dal solito che non si potevano trovare in paese, o per qualche acquisto importante, andavamo a Conegliano, la città più vicina, o a Treviso.

Man mano che è aumentata la disponibilità di prodotti, sono cambiati anche i negozi. Questo modello, e con esso le abitudini delle persone, negli anni della mia infanzia e della mia adolescenza si è progressivamente evoluto fino a diventare quello che conosciamo oggi. In parallelo sono cambiate anche le famiglie, in cui ormai è quasi scontato che lavorino entrambi i genitori e i figli trascorrono molto meno tempo in casa, tra mille attività, doposcuola, sport e altri impegni. Complice una differenza di orari all'interno del nucleo familiare, ci si riunisce a tavola soltanto la sera. Di conseguenza sono cambiate anche le abitudini alimentari, a cominciare dalla preparazione dei pasti che devono essere realizzati velocemente da chi rientra in casa per primo, e quindi anche le modalità di rifornirsi dei vari generi che, proprio per venire incontro ai diversi bisogni, si alternano tra quelli che possono essere conservati a lungo e quelli che vanno consumati all'istante.

Il progressivo benessere ha ampliato la gamma dei prodotti, innescando un meccanismo in cui pubblicità e marketing hanno avuto sempre più peso nel determinare la scelta d'acquisto. Dalla scelta dettata dalle esigenze o dalle necessità si è passati a quella indotta dal messaggio che ha più presa sul pubblico, aprendo la strada al consumo di massa. Un passaggio che ha segnato profondamente la nostra società, modificando i rapporti diretti che avevano sempre contraddistinto il commercio e incidendo sulle abitudini delle famiglie e sulla vita domestica.

Tra i tanti simboli che hanno segnato il timido inizio di questa evoluzione, nonché della svolta consumistica in campo alimentare, nella mia memoria torna un prodotto in particolare: le patatine. Non c'era come oggi un vasto assortimento di marche tra cui scegliere; le uniche note erano forse due, ma potevano contare su una presenza pubblicitaria per i tempi già pervasiva e quasi martellante. E proprio quei messaggi avevano attirato la mia attenzione il giorno in cui mi recai da solo con il papà a fare la spesa, in quel negozio che per l'epoca rappresentava qualcosa di avveniristico, con i suoi espositori ammiccanti, così diversi dagli scaffali della solita bottega, dove spesso era il venditore a spostarsi per prelevare i prodotti chiesti dal cliente da porre sul bancone. Con grande soddisfazione ero riuscito a convincere il papà a comprarmi un pacchetto di patatine, ma, più che la gratificazione per quell'acquisto impulsivo, ciò che oggi maggiormente associo all'episodio è il modo in cui veniva presentato il prodotto.

Nonostante siano trascorsi circa cinquant'anni, ricordo benissimo la mia mano di bimbo tesa nel tentativo di afferrare i sacchetti che pendevano dall'espositore, appesi a un gancio e divisi in due colonne: da un lato le patatine per i bambini e dall'altro quelle per le bambine. Il contenuto era lo stesso, ma la confezione era stata differenziata secondo il genere non solo nella classica alternanza dei colori, azzurro e rosa, ma anche nella grafica, con figure che all'epoca era scontato associare più all'uno che all'altro genere e viceversa. Oggi sarebbe giustamente vista come una strategia di marketing rozza e basata su stereotipi ormai superati, ma su di me e mio padre, complice la festa di quei giorni per la nuova arrivata in famiglia, aveva sortito l'effetto desiderato. Oltre che per me, infatti, comprammo un pacchetto di patatine anche per la piccola Elisabetta, pur sapendo che ne avrei beneficiato soltanto io.

A ripensarci, quella strategia di marketing, all'epoca, era in linea con il modello di società fino ad allora dominante ma che stava per trasformarsi, e che si rifletteva in ogni ambito dell'esistenza, a cominciare da quella esperienza del mondo che è il gioco. Anche se oggi si scontrerebbe con una visione ormai consolidata che ha superato l'attribuzione automatica di gusti e tendenze a seconda del genere, quella distinzione nel packaging trovava allora una motivazione nel contenuto delle confezioni, che si differenziavano non per l'alimento, ma per la sorpresa che si trovava in ogni sacchetto. Il più delle volte quel piccolo omaggio consisteva in un giochino e l'alternanza del colore non era altro se non una via quasi obbligata per comunicarlo agli acquirenti, in un mondo in cui i giochi si dividevano ancora rigorosamente tra quelli praticati dalle bambine e quelli praticati dai bambini.

La cultura prevalente all'epoca educava fin da piccoli a una separazione e – non ritengo di esagerare – a una disparità tra i generi che si riscontravano appunto a partire dai giocattoli. Da un lato le bambole, con la miriade di accessori legati al mondo casalingo, dall'altro i soldatini, che riproducevano e indirizzavano verso un immaginario maschile consolidato nei secoli.

Anche per questo, ci trovammo spiazzati di fronte a una novità introdotta nell'universo della bambola con le sembianze di una donna adulta che ai miei tempi cominciava a imporsi sul mercato anche in Italia e che sarebbe stata la compagna di giochi di intere generazioni. Accanto a quella bambola, a un certo punto, fece la sua comparsa una figura maschile. Fummo stupiti nel veder apparire un maschio in quel contesto di giochi che fino ad allora non ci aveva interessato né attratto. Col senno di poi, penso lo si possa leggere come il segnale di un cambiamento.

Forse quella figura maschile veicolava anche un messaggio non proprio rivoluzionario, era una rappresentazione plastica di quella mentalità che voleva la donna sempre accompagnata e legata a un uomo. All'epoca infatti il senso comune diffuso non vedeva grandi alternative per la donna non sposata, se non quella della «zitella» o della «donna libera», un'accezione, quest'ultima, che troppo spesso lasciava intendere un giudizio non proprio positivo. Ma probabilmente erano considerazioni che a quei tempi impegnavano soltanto i sociologi, mentre per la maggior parte delle persone quella bambola dalle fattezze maschili altro non era se non la testimonianza che cominciava ad affacciarsi anche sul nostro territorio una novità rispetto al comune sentire dell'epoca.

Oggi naturalmente non avrebbe alcuna rilevanza, ma in chi ha compiuto cinquant'anni è ancora viva la memoria del tempo in cui la differenza tra un «mondo maschile» e uno «femminile» riguardava tutti i contesti, dalla scuola all'abbigliamento, dalla gestione familiare alle scelte di vita.

Come ho già sottolineato rievocando i giochi che facevamo un tempo, quel mondo di bambini, per alcuni versi, era un mondo degli adulti in miniatura. I vestiti, ad esempio, ricalcavano sostanzialmente il taglio di quelli dei grandi. E solo in parte la mia generazione ha conosciuto i primi capi di abbigliamento pensati per l'infanzia che all'epoca cominciavano ad arrivare in famiglie come la mia. Anche i vestiti delle feste comandate o delle grandi occasioni, come la Prima Comunione, non facevano eccezione: indossavamo giacca e cravatta come quelle dei nostri genitori ma in proporzioni ridotte. E questo valeva anche per le bambine, naturalmente.

Tra noi ragazzini e le nostre compagne la differenza era ulteriormente rimarcata dal grembiulino che era imposto nelle ore scolastiche: azzurro per i maschi e bianco o rosa per le femmine.

Anche se da quel paese delle campagne venete non potevamo certo immaginarlo, le ruote della storia correvano già veloci e di lì a qualche anno nessuno si sarebbe più stupito di donne impegnate nel lavoro e anche nella vita sociale. Le tante ragazze che sceglievano la via della fabbrica erano le antesignane di un nuovo mondo che non avrebbe tardato a mettere radici. Meno numerose erano quelle che proseguivano gli studi dopo la scuola dell'obbligo, ma si cominciava già a sentire più spesso di qualcuna che aveva optato per questa strada di crescita culturale. Nel contempo prendevano piede le imprese a conduzione familiare, quelle che avrebbero fatto la fortuna del Veneto, con il capannone che sorgeva di fianco all'abitazione. Sempre più numerose erano le donne che acquisivano un ruolo all'interno della ditta. Come avveniva nell'officina dei miei, dove era mia madre a gestire gli ordini e i rapporti con i fornitori.

Nonostante fossi soltanto un bambino, percepivo che qualcosa di importante stava avvenendo, e di certo quell'evoluzione ha segnato uno spartiacque per il quale avremmo parlato di un prima e un dopo.

Dalle discussioni tra gli adulti mi arrivava l'eco di qualche episodio che suscitava i loro commenti: un marito che mal digeriva l'attività lavorativa della moglie o un padre particolarmente retrogrado che si ostinava a ritenere che le sue figlie non avessero alcun bisogno di proseguire gli studi, perché destinate a un futuro in casa. Proprio il fatto che questi comportamenti venissero percepiti come qualcosa da biasimare dimostra in qualche modo che la via dell'emancipazione o, meglio ancora, della parità era considerata irreversibile.

Del resto, anche dalla televisione – che allora era certamente uno strumento con una funzione indirettamente «pedagogica» – venivano proposti modelli che andavano in quella direzione. Se da un lato, infatti, nei programmi di varietà del sabato sera, gli sketch di Bice Valori e Paolo Panelli o di Sandra Mondaini e Raimondo Vianello ironizzavano sui rapporti tradizionali tra uomo e donna, dalle realtà raccontate dai telegiornali giungeva tutta un'altra musica.

L'estate del 1976 fu caratterizzata da un clima di forte tensione – che neanche a un giovanissimo come me poteva sfuggire –, generato dalla campagna per le elezioni politiche in cui si temeva la vittoria del Partito comunista con il sorpasso sulla Democrazia cristiana. La vittoria della DC condusse alla creazione di un governo in cui, per la prima volta nella storia nazionale, una donna assumeva la carica di ministro. A rompere questo tabù era Tina Anselmi, trevigiana di Castelfranco, a cui venne affidata la responsabilità del dicastero del Lavoro.

La società veneta, ritenuta agricola e patriarcale, chiusa e arretrata, e come tale canzonata, dipinta ironicamente dalla commedia all'italiana come una fonte inesauribile di servette stupide destinate alle famiglie bene delle grandi città o di militari capaci solo di una cieca obbedienza appresa sui campi di battaglia, si rendeva protagonista di quella novità che rappresentava un tassello importante nel trasformare l'Italia in un paese moderno.

Quella donna impegnata in politica, che dalla provincia veneta era arrivata nei palazzi romani dell'esecutivo, proveniva dalle file della Resistenza cattolica, e oggi non è certamente ricordata per la novità che pure incarnò come elemento di modernizzazione della società, ma per il grande lavoro che ha saputo svolgere e i risultati raggiunti in tutti gli ambiti della sua attività, compresa quella al vertice del ministero della Sanità. È infatti riconosciuta unanimemente come la madre del Servizio sanitario nazionale, che alla fine degli anni settanta soppiantò la galassia di sigle e riferimenti del vecchio sistema mutualistico con uno universalistico, che garantisce ancora oggi la migliore sanità a tutti i cittadini indistintamente.

A pochissimi anni dall'affermazione di Tina Anselmi ci sarebbe stata quella di Nilde Iotti alla presidenza della Camera, ruolo che avrebbe mantenuto per diverse legislature. In politica e nelle istituzioni, ormai, la presenza delle donne ai vertici non faceva più scalpore. Finalmente stavamo riuscendo a prendere le distanze dalla società che i miei nonni, nati alla fine dell'Ottocento, avevano fatto in tempo a vedere, dove la donna «portava la dote» e sulla base di quella veniva giudicata ai fini di un matrimonio, con un regolare accordo tra le famiglie. Nel Veneto del boom economico inoltrato, quello dei primi anni settanta, ancora non molto diverso da quello dei decenni precedenti per consuetudini, stili di vita, impostazione culturale e realtà familiari, l'emancipazione si stava concretizzando come la presa d'atto di una realtà.

Considerando i contributi sostanziali che Tina Anselmi e Nilde Iotti, ciascuna con la propria cultura di riferimento alle spalle, hanno dato alla vita del paese, possiamo dire che si sono emancipate attraverso la loro storia personale: fin da ragazze, attive nelle file della guerra di Liberazione, hanno dimostrato di essere persone di carattere.

In quel momento nessuno avrebbe mai pensato che si sarebbe arrivati a stabilire le quote rosa, come vengono chiamate, per assicurare la parità di genere nelle istituzioni e nella società in generale. E credo che anche loro, come altre figure autorevoli, ad esempio Rita Levi Montalcini, che ho avuto la fortuna di conoscere, leggerebbero come riduttivo il fatto di ricondurre la presenza femminile al successo di una legge che la prescrive come un obbligo, quasi si trattasse di una specie a rischio. La donna non è un animale in via di estinzione, e il valore che le si attribuisce deriva innanzitutto dal suo essere persona, dotata di talenti e capacità che mette a frutto e che va premiata secondo i criteri di meritocrazia in condizioni di parità con l'uomo. Una visione distorta del politically correct invece rischia di penalizzare la figura femminile, dopo che molti steccati sono ormai stati definitivamente abbattuti e le donne possono oggi misurarsi alla pari con i colleghi di lavoro, nel mondo della cultura e in ogni altro campo, compresa la medicina, dove via via sono diventate protagoniste sia nell'ambito della ricerca sia nella cura dei pazienti.

Quel sacchetto di patatine comprato con il papà rappresenta dunque uno degli ultimi adeguamenti a un modello che eravamo ormai pronti a lasciarci alle spalle. In quegli stessi anni in giro per il paese cominciavano a vedersi sempre meno le nonne che indossavano il fazzoletto per raccogliere i capelli. Si chiudeva l'era di quelle norme ferree e codificate che, se certo non erano imposizioni persecutorie, comunque nascevano da un condizionamento così radicato che escludeva categoricamente che una signora anziana potesse mostrarsi in pubblico con i capelli al vento o, peggio, ben pettinati, considerandoli come un segno di «civetteria» (per restare nell'ambito degli stereotipi di genere). Una messa in piega, poi, non era nemmeno contemplata nelle abitudini «morigerate» delle donne di allora. Andare dal parrucchiere non era una consuetudine e per la maggior parte delle signore restava un evento riservato a pochissime occasioni, tanto rare da poterle contare sulle dita di una mano. Non era un modello estetico ma un retaggio perbenista di una condizione femminile che non può essere considerata tra le migliori o tra le più avanzate, la stessa che prescriveva a chi restava vedova di portare il lutto per tutta la vita. Immagini per fortuna ormai superate attraverso un processo di emancipazione sociale che le ha cancellate dalla memoria, ma che abbiamo il dovere di ricordare per comprendere che nessun atteggiamento è innato, e che un lento quanto inarrestabile percorso culturale si è reso necessario per superare modelli ingiusti che pure hanno fatto parte della nostra storia.

A fare la differenza, come sempre, è la libertà di scelta, la libertà di determinare ogni aspetto della propria vita, dal modo di vestirsi fino alle decisioni fondamentali che ne influenzano il corso. Chissà quante, tra le nostre madri e nonne, sono state costrette ad accettare – a volte persino inconsapevolmente – che a decidere del loro futuro fossero schemi sociali talmente consolidati da risultare scontati. Così, ad esempio, quando per le famiglie dei contadini e degli operai si presentava la possibilità di far avanzare negli studi uno dei figli fino a completare le superiori e magari a raggiungere la laurea, l'investimento in via prioritaria premiava quasi sempre un figlio, molto difficilmente una figlia. Per quest'ultima il primo obiettivo restava accasarsi, trovare marito, mettere al mondo dei figli, rigovernare la casa. Non c'era un motivo preciso o una strategia derivata da chissà quale ragionamento: era la conseguenza di una mentalità dominante.

Ripercorrendo le tappe della nostra storia potremmo concludere che non siamo autorizzati a meravigliarci né tantomeno a condannare realtà straniere diverse dalla nostra, dove la donna non gode di parità e autonomia rispetto all'uomo. Sarebbe però un grave errore e francamente non credo sia un discorso accettabile. Se ci sono ancora paesi in cui – senza scomodare il diritto allo studio, al lavoro, all'indipendenza – alla donna non è consentito per legge nemmeno prendere la patente di guida, significa che esiste un regresso che contrasta con il progresso raggiunto a livello universale e che in alcuni contesti si continua a non attribuire rispetto e libertà di autodeterminazione alla persona in quanto tale, ma a differenziare a seconda del genere, considerandone uno inferiore all'altro.

Qualche esponente di quella cultura arriva a sostenere, come parziale giustificazione, che le donne in quei paesi siano «regine in casa». Non vedo come certi trattamenti possano farle sentire delle regine, da nessuna parte.

Grazie ai mezzi di comunicazione le possibilità di denunciare tali comportamenti anacronistici si moltiplicano e serve a poco vietare l'accesso ai social media sperando di applicare una censura su quello che può giungere ai cittadini. È un atteggiamento che poco si discosta dall'assurdità di voler coprire le forme ai manichini delle vetrine in nome di un occultamento del corpo femminile, un paradosso in cui siamo caduti persino in Italia durante la visita, nel 2016, del presidente iraniano Hassan Rouhani, in occasione della quale, in modo del tutto ingiustificato e scandaloso, vennero coperte le nudità delle sculture dei Musei Capitolini.

Se consideriamo che cosa sono trenta o quarant'anni nell'arco di un processo che sta scardinando pregiudizi radicati da secoli, possiamo dirci fieri, ma non paghi del percorso compiuto dalla nostra comunità, pur senza negare le diversità biologiche che esistono perché insite nella «macchina umana». Il percorso fatto e la sostanziale emancipazione raggiunta dalle donne grazie al loro impegno e alla loro capacità di affermazione non ci assolvono né ci esimono dal prendere atto delle difficoltà che ancora si manifestano in certi contesti, né tantomeno possiamo permetterci di tracciare una spunta per dire che quanto potevamo fare è stato «fatto».

C'è ancora molto su cui lavorare, a cominciare dall'ambito «micro», da quelle che possono apparire piccole cose, ma che sono spie di tanti mutamenti ancora da innescare. Personalmente, di nuovo, mi trovo a dover ringraziare la mia famiglia, e in particolare mia madre che mi ha educato insegnandomi il massimo rispetto per l'altro sesso e la condivisione dei ruoli. Sono stato chiamato a svolgere tutti i lavori di casa, persino a cucinare. Lo riconosco come un vantaggio, prima di tutto per me stesso, perché mi ha messo nella condizione di poter affrontare gli anni universitari da studente fuori sede senza grandi difficoltà, riuscendo a badare a me stesso. Un momento della vita che per altri miei coetanei si è rivelato più o meno «drammatico», tra lavatrici schiumanti e appartamenti quasi distrutti da incendi ed esperimenti culinari miseramente falliti. Ma l'educazione da parte della mia famiglia si è rivelata vincente anche quando ho conosciuto mia moglie Raffaella, da sempre donna indipendente e tenace oppositrice di ogni disparità.

Da tempo ormai la cura dei familiari e dei figli non è più considerata un'esclusiva delle donne. Sono lontani anche culturalmente gli anni in cui le donne non avevano alternative se non rimanere in casa, in una rigida divisione dei ruoli che imponeva soprattutto a loro scelte obbligate. Queste rinunce sono la prova del fatto che la «normalità», quella per cui oggi incontriamo donne in tutti gli ambiti lavorativi, abbia avuto un prezzo molto alto. Un prezzo che peraltro abbiamo pagato tutti, dovendo rinunciare all'apporto che le donne avrebbero potuto dare ben prima con le loro intelligenze e capacità, in ogni ambito della società, al vertice della pubblica amministrazione, nella sanità e nella giustizia.

Oggi l'università di Padova e la Ca' Foscari di Venezia sono guidate da due rettrici che stanno valorizzando ancora di più questi prestigiosi atenei. All'epoca ho salutato quelle nomine definendole come il segno di un mondo accademico veneto che continua a mostrarsi al passo con i tempi. Confermo quel giudizio ma mi rendo anche conto che è proprio questa «straordinarietà» a essere rivelatrice del fatto che viviamo ancora simili eventi come eccezionali.

Quando una donna, infatti, raggiunge una meta, per noi è scontato che lo abbia fatto dividendosi tra mille altre incombenze, ma l'uomo che riesce a prendersi cura del figlio con la febbre mentre la compagna partecipa a un convegno oltreoceano è ancora salutato come «un eroe» dotato di superpoteri.

Mi chiedo quanto ancora ci sia da fare, se continuiamo a credere che la parità si riduca al fatto che un uomo «collabori» facendo la spesa, portando i bambini a scuola, magari anche cucinando, quando è comunque la donna che ha in carico l'organizzazione delle attività familiari, ovvero deve mentalmente spendere una parte delle sue energie per predisporre tutto il necessario a mandare avanti la quotidianità. È, ancora una volta, il retaggio di quel modello in cui per le donne non era contemplata una vita al di fuori della famiglia, e che ha causato una perdita incalcolabile in termini di opportunità e talenti per il paese. Non possiamo permettere né permetterci, soprattutto in una fase così delicata della nostra storia, che quella ricchezza che si esprime in differenti sensibilità, diversi approcci ai problemi e conseguenti soluzioni, e che può realizzarsi solo se la parità diverrà effettiva e non soltanto enunciata a tutti i livelli, vada perduta.

Non abbiamo raggiunto alcun traguardo definitivo, dunque, e non ci arriveremo sicuramente finché le cronache continueranno a riportare casi di femminicidi e maltrattamenti da parte di uomini che, anche in una società che riteniamo evoluta come la nostra, non sanno gestire in modo corretto il rapporto con l'altro sesso. Né ritengo che siano tollerabili forme di vessazione «importate» da altri paesi e consuetudini sociali che anche da noi finiscono per riproporre situazioni in cui le donne sono costrette a vivere in condizioni di sostanziale schiavitù, trattate come esseri inferiori, o punite con maltrattamenti o addirittura con la morte solo perché non ritenute legittimate a pensare con la loro testa e a essere padrone della loro esistenza. Non mancano episodi di cronaca che fanno rabbrividire: ragazze percosse, recluse in casa, seviziate, persino uccise e il cui cadavere viene occultato, soltanto per essersi rifiutate di conformarsi a un modello di vita e a costumi che non sentivano propri o perché semplicemente aspiravano a vivere come le loro coetanee.

Troppo spesso questi fatti rimangono sul piano di un dibattito puramente ideologico, affidato alla politica, che si limita a fissare concetti astratti senza fornire risposte concrete. Quella che ritengo sia indubbiamente una questione di civiltà e di umanità va gestita tenendo presente il modello sociale che ha caratterizzato il nostro passato e da cui progressivamente ci siamo affrancati. È inconcepibile anche soltanto pensare che potrebbe essere necessario tornare a battersi per diritti ormai consolidati.

Per non regredire bisogna investire nell'educazione e nella formazione di una cultura diffusa. Siamo riusciti a prendere le distanze da un modello in cui dominava la figura maschile. Oggi più che mai, per non rinnegare nei fatti quanto raggiunto finora, dobbiamo essere e mostrarci convinti che la parità debba essere accettata e difesa anche da coloro che, pur essendo figli di altre culture, aspirano a integrarsi e fondersi con la nostra.

Faccio fatica a capacitarmi di come sia possibile che nei nostri territori si creino condizioni che possano mettere in discussione la parità tra uomo e donna. E proprio in un momento storico in cui peraltro la nostra società ha intrapreso felicemente altri percorsi, come il riconoscimento dei diritti civili delle coppie omosessuali.

Sono consapevole della differenza tra quest'ultimo percorso e quello che ha contraddistinto il cammino della parità tra uomo e donna. Nondimeno ritengo che qualsiasi confronto su una situazione che parte dalla negazione di un diritto possa apportare un contributo nell'affrontare una seria riflessione.

Tra la gente che incontro ogni giorno nella mia attività di amministratore e nella mia vita ci sono naturalmente tante persone che si dichiarano omosessuali, tra cui anche amici di lunga data. Più di una mi ha detto che non parteciperebbe mai a un Gay Pride, ritenendolo una forma di estremizzazione che non le rappresenta. Per loro infatti – mi spiegano – è difficile vedere la propria vita raffigurata come una sorta di evento nel quale un certo tipo di esibizionismo rischia di far perdere di vista l'obiettivo. Sostengono che condire di ostentazioni quelle che sono sacrosante rivendicazioni non giovi alla causa. Al netto di forzature eccessive, però, quello dei diritti è un tema a cui non ci si può sottrarre.

Affrontarlo insieme è fondamentale perché è un percorso di civiltà che non può essere connotato da un colore politico. Lasciarlo in balia del dibattito ideologico o, peggio ancora, dei programmi di partito significa sancire che esiste un'area politica che non ritiene di doversi interessare dei diritti di una parte dei cittadini. Bisogna scongiurare il pericolo che un tema del genere sia considerato patrimonio esclusivo di un'unica «fazione», semplicemente partendo dal fatto che appartiene a tutti, ancora una volta, perché ha a che fare con l'essere umano.

Per la stessa ragione, ritengo che non si tratti di una questione legata alla modernità o all'apertura mentale; non trovo accettabile questo criterio. È innanzitutto una battaglia di civiltà, che si fonda sul rispetto della persona e dei suoi diritti. Resto perplesso davanti a chi sostiene che si debba «accettare» perché ormai siamo nel terzo millennio. Se fosse questa l'unica ragione, che cosa impedirebbe a qualcuno di alzarsi e dire che i tempi non sono maturi e che si può attendere tranquillamente il quarto o il quinto millennio? Se invece la si considera per quello che è – una questione di civiltà e di rispetto –, non può essere sottratta all'attualità perché non possiamo pensare che esistano cittadini che hanno più o meno diritti di altri.

Confrontarsi con il tema del riconoscimento dei diritti delle coppie omosessuali non può essere interpretato come una concessione. D'altro canto, gli approcci fondamentalisti e sbilanciati rischiano di perdere di vista i diritti generali da una parte e dall'altra.

Aggressioni, soprusi, violenze fisiche o psicologiche sono atti che vanno puniti, senza se e senza ma. E, quando necessario, le pene devono essere inasprite. Ma le leggi devono poggiare su necessità di intervento concrete, non limitarsi a stabilire come declinare gli aggettivi o addentrarsi in mille disquisizioni sull'uso delle parole. Una forma di ipertutela ai limiti dell'assurdo danneggia soprattutto chi si vorrebbe tutelare, perché rischia di essere percepita come un problema o, peggio, come un voler porre l'accento sulla pagliuzza e non sulla trave.

Ho ben presente che solo da qualche anno ci stiamo faticosamente lasciando alle spalle un mondo in cui le persone omosessuali erano canzonate e condannate a vivere i loro sentimenti in clandestinità. Circolavano voci di paese, le persone venivano indicate per la strada o si sorrideva di matrimoni di facciata che dovevano mascherare situazioni ritenute inaccettabili alla luce del sole. Era considerato quasi normale che una persona divenisse oggetto di scherno a causa di tratti, movenze o atteggiamenti, con l'intento di mortificarla anche per una «presunta» omosessualità. Un certo livello di sensibilità, che oggi è presente, allora non era patrimonio di tutti.

Anche su questo devo riconoscere la lungimiranza dei miei genitori. Nonostante negli anni della mia adolescenza, soprattutto in zone di campagna come quella in cui sono cresciuto, l'argomento fosse tabù nei discorsi con i figli, ricordo di averlo affrontato con serenità e in modo naturale direttamente con loro. In casa, peraltro, non ho mai sentito pronunciare termini scurrili o di disprezzo, quelli che oggi si definiscono omofobi ma che allora, purtroppo, erano spesso parole comuni. I miei ci hanno educati bene, malgrado fossimo in una società in cui l'eventualità di un familiare omosessuale era vissuta come uno stigma sociale da nascondere o persino una colpa da espiare.

Circolava una frase all'epoca: «Ha fatto l'emigrante quando non ce n'era bisogno». È un modo di dire che oggi ritengo sia la sintesi della vera colpa da espiare, da parte dell'intera società. Nessuno potrà mai rimediare al dolore di un giovane che si vedeva costretto a lasciare la sua casa e la sua terra non per necessità economica, ma per essere libero di vivere la sua vita senza avvertire continuamente su di sé il peso di una condanna sociale e la derisione del paese.

Pur riconoscendo che tante cose sono cambiate in meglio, per onestà intellettuale dobbiamo ammettere che c'è ancora molto da fare, sebbene adesso abbiamo le parole per descrivere ciò a cui un tempo non sapevamo dare un nome.

Si parla spesso di «omofobia», un termine che si è diffuso negli ultimi anni, segno tangibile di una maggiore sensibilità e della presa d'atto di una realtà non più occultabile nelle coscienze dei singoli, prima ancora che nella società. Non possiamo accettare che si ripresentino in forme nuove situazioni che ci siamo lasciati alle spalle. La patologia è l'omofobia, non l'omosessualità.

Bisogna fare in fretta. La velocità dei cambiamenti e delle dinamiche sociali è tale che non possiamo permetterci di rispondere con tempi biblici. La realtà corre più rapida dei nostri discorsi.

Nascondere la testa sotto la sabbia come gli struzzi non serviva un tempo e ancor meno serve oggi, in una società iperconnessa e digitalizzata dove le informazioni viaggiano alla velocità della luce. Una maggiore propensione a denunciare, grazie ai nuovi strumenti di condivisione, si riverbera inevitabilmente anche sulla richiesta di trovare una soluzione a tante questioni etiche che qualcuno si rifiuta di riconoscere o, peggio, tenta di evitare, nonostante già da decenni abbiano fondamenti anche legali.

Penso ad esempio al dibattito sempre vivo sulle persone transessuali, ancora incredibilmente aperto a quarant'anni dalla promulgazione di una norma specifica in materia. È del 1982, infatti, la legge che riconosce la possibilità alle persone transessuali di ottenere la modifica del sesso attribuito alla nascita e registrato all'anagrafe. Quarant'anni fa il Parlamento varava una legge che penso rappresenti una pietra miliare nella nostra storia istituzionale e sociale. Le istituzioni infatti hanno dimostrato di avere una visione di lungo periodo sui diritti, per certi versi anticipando i tempi.

Non possiamo che definire quella scelta rivoluzionaria e lungimirante, soprattutto se rapportata all'oggi. Sarebbe interessante, infatti, capire quale dibattito potrebbe scatenare l'iter parlamentare se dovesse essere approvata ai giorni nostri. Ogni singolo caso di transessualità continua ad attirare l'attenzione pubblica suscitando inevitabilmente commenti e illazioni su eventuali strumentalizzazioni. Nessuno ha il diritto di giudicare quella che rimane la scelta verso un percorso radicale. Una scelta che nasce dalla presa d'atto dolorosa che si sta vivendo in un corpo che non corrisponde alla propria persona, e che giunge al termine di un cammino lungo e terribilmente arduo, scandito da fasi e regole precise – anche a tutela della persona interessata –, determinate da valutazioni di psicologi e specialisti in varie discipline al fine di dare una risposta a chi è nato in un'esteriorità corporea che non sente come sua. Per la riattribuzione del sesso, inoltre, l'interessato deve richiedere una sentenza del tribunale.

Mi rendo conto che davanti a una decisione irreversibile come questa molti possano avere delle perplessità. Ma credo che nel momento in cui ci si trova di fronte a una scelta ponderata e deliberata, che scaturisce dalla volontà di adeguare la propria esteriorità a ciò che si sente di essere – una necessità che, ripeto, è stata certificata, compresa e avallata da specialisti sulla base di un ascolto attento e una valutazione approfondita –, nessuno possa permettersi di mettere becco. L'unico atteggiamento ammesso è il rispetto. Rispetto per ogni espressione di quell'intima componente della sfera umana che chiamiamo coscienza.

5.
Libere scelte in libero Stato

Nelle nostre campagne il parroco era una figura che capitava spesso di incontrare in paese, non solo nella piazza su cui si affacciava la chiesa. Girava anche per le case e si fermava a visitare le famiglie, una presenza abituale a cui tutti eravamo affezionati, anche coloro che si dichiaravano più lontani da sentimenti religiosi.

Con la sua tonaca nera, il cappello a tricorno o di foggia romana, quello che viene chiamato «saturno», spesso lo si scorgeva in sella alla sua bicicletta o a passeggiare per le vie del paese recitando il rosario o leggendo il breviario, in una scena non dissimile da quella descritta da Manzoni all'inizio dei *Promessi sposi*.

In quella piccola comunità era il simbolo di una Chiesa non ancora protagonista di una modernità che presto avrebbe fatto irruzione anche nella vita del clero. Alcune innovazioni iniziavano a diffondersi nelle nostre campagne, ma ci sarebbe voluto ancora del tempo perché si facessero sentire anche lì i cambiamenti introdotti dal Concilio Vaticano II in materia di liturgia e abbigliamento dei sacerdoti. Cambiamenti che, negli anni della mia infanzia, cominciavano forse ad affermarsi nelle città.

All'epoca il parroco era ancora la vera autorità in paese, e il punto di riferimento del principale centro di aggregazione che noi bambini e giovani in generale avevamo a disposizione: la parrocchia. Un ambiente che non era solo il perno della vita sociale ma quello del percorso terreno di ogni singola persona in un mondo contrassegnato, allora molto più di oggi, dal rapporto con la fede. Intere vite iniziavano e si concludevano nella stessa chiesa, in cui si veniva accolti con il battesimo e si riceveva l'estremo saluto con il funerale attorno a cui si radunava tutta la comunità.

Imparavamo fin da bambini che cosa fosse la morte, non solo quando ci colpiva direttamente per un lutto in famiglia, ma anche come fatto sociale: la scomparsa di un paesano era infatti un evento che impoveriva e toccava da vicino l'intero paese.

Tra le celebrazioni della messa, la presenza in canonica e altre incombenze, le giornate del parroco erano scandite da un ritmo regolare, ragion per cui, quando questo schema veniva bruscamente interrotto, sapevamo per certo che in paese stava capitando qualcosa. Se poi lo scorgevamo affrettarsi con in mano la stola viola e un piccolo contenitore, era segno che si stava dirigendo verso un'abitazione dove per qualcuno era iniziata quella fase che da qualche tempo – con un termine che suona come distaccato, quasi tecnico – viene chiamata «fine vita». Il «trapasso», infatti, avveniva quasi sempre in casa, nell'ambiente familiare, circondati dai parenti.

Parlare di «fine vita» oggi significa affrontare un tema di grande attualità legato ai traguardi sempre più eccezionali raggiunti dalla medicina, traguardi che si accompagnano a un importante aumento dell'aspettativa di vita e alla necessità di conciliarli con una dignità della persona che, anche nella sua fase estrema, l'essere umano sente di dover mantenere di fronte a forme di cura che rischiano in alcuni casi di trasformarsi in vero e proprio accanimento terapeutico.

Certamente anche in passato l'argomento era molto sentito. Quante persone hanno lasciato questo mondo invocando la morte negli ultimi giorni, affinché arrivasse più rapidamente, perché preda di dolori terribili, quando non esistevano rimedi che potessero almeno lenire quelle sofferenze? Sono certo che in queste persone non sia mai stato il rifiuto della vita a far invocare la fine, bensì una condizione di dolore che si faceva via via insopportabile ed estrema, mentre ogni cura si rivelava inutile.

Oggi affrontare la questione del fine vita vuol dire confrontarsi con cittadini più consapevoli e informati, che dispongono di conoscenze approfondite sulle varie possibilità a cui si può ricorrere in caso di necessità e sulle tappe di un eventuale percorso terapeutico, ovvero un prospetto di cure dedicato e specifico.

Da molti il semplice volersi confrontare sulle ultime fasi della malattia e sulla conseguente possibilità di programmare un fine vita viene letto come la volontà di difendere un atto di egoismo o l'incapacità di affrontare un sacrificio sia da parte della persona che sta male sia da parte dei familiari che devono accudirla. Sembra quasi che chi vuole discuterne sia ascoltato da alcuni non per la rilevanza che rappresenta il tema, ma soltanto perché sottopone «un problema da risolvere».

Eppure il solo fatto che oggi se ne parli apertamente, anzi, che il tema sia avvertito come prioritario e irrinunciabile, è sufficiente a farmi constatare quanto è cambiato il mondo dagli anni in cui ero ragazzino. All'epoca le famiglie gestivano tutto da sole, quasi sempre anche la malattia, persino la più grave, in anni nei quali il malato terminale era condannato a spegnersi tra le più atroci sofferenze.

Negli anni della mia infanzia era esperienza comune far visita in casa di una famiglia dove si trovava un congiunto agonizzante che si sapeva destinato a un decorso infausto. Oggi è molto più raro che questo accada, esistono strutture sanitarie nelle quali, grazie ai livelli raggiunti dalla tecnologia, dalla medicina, dalla chirurgia e dalla farmaceutica, si sono fatti passi da gigante sia nell'ottica dell'offerta terapeutica sia in quella della dignità del malato.

Se un tempo l'ospedalizzazione era poco frequente, in alcuni casi rappresentava comunque l'unica strada. A volte capitava che qualcuno all'improvviso non si facesse più vedere nei luoghi di ritrovo abituali in paese, come il bar o la chiesa, e correva voce che fosse stato portato all'ospedale di qualche centro vicino. Quei periodi di assenza, spesso, non erano brevi. Quando qualcuno veniva ricoverato era perché affetto da una patologia che non sarebbe stato possibile curare in casa, e dunque la degenza si prospettava lunga e rappresentava un calvario perché così era vissuta dal paziente e dai familiari.

Più di una volta mi sono recato con i miei genitori a far visita a qualche amico ricoverato. Gli ospedali di cui ho memoria somigliavano a cattedrali: spazi enormi e freddi, di cui rammento le siringhe di vetro nella vaschetta di metallo smaltato in cui venivano fatte bollire per sterilizzarle e che ormai si vedono soltanto nei film. Non ricordo le varie confezioni di disinfettanti e altri prodotti che oggi si trovano in ambulatori e ospedali, ma solo le bottiglie di alcol denaturato rosa, quello industriale che in contenitori più piccoli si usava anche a casa.

Paragonando quegli ambienti alle stanze che mi capita di vedere oggi quando mi reco in qualche ospedale del Veneto per visitare un nuovo reparto o consegnare un'attrezzatura diagnostica di ultima generazione, erano per lo più vuoti, se si esclude l'essenziale – letti e comodini –, e decisamente enormi, vere camerate da sei o anche otto posti letto. Avevano un aspetto dimesso e povero, quasi ci si trovasse in un luogo di penitenza. La sanità dell'epoca, da un lato, poteva già essere considerata di un buon livello per i tempi, soprattutto rispetto a tante altre realtà, dall'altro contemplava ancora la sofferenza come parte importante della vita. Il dolore era concepito come l'ineluttabile conseguenza di un trauma, di una patologia, di un intervento operatorio, e naturalmente un inevitabile compagno sulla via del fine vita.

Quel modo di guardare all'esperienza del dolore forse derivava in parte da una certa cultura cristiana che considerava la sofferenza come qualcosa da accettare in quanto parte della vita stessa. Fatto sta che la situazione ospedaliera di quegli anni rendeva quasi obbligatoria la condivisione della malattia, con tutto ciò che comportava in termini di privacy, di rischi di infezione ma anche di coinvolgimento psicologico.

Quella prossimità alle sofferenze degli altri, infatti, non faceva che accrescere un sentimento generale di compassione, intesa letteralmente come partecipazione al dolore altrui. Non è facile descrivere che cosa volesse dire per un ragazzino camminare in quei corridoi, ascoltando le urla strazianti, amplificate dall'eco e dal rimbombo di soffitti altissimi. All'epoca i reparti oncologici erano rari – almeno per come li intendiamo oggi – ed era impensabile anche solo immaginare che si sarebbe raggiunto il livello di eccellenza tecnologica che vantano oggi i nostri reparti delle varie specialità mediche, a cominciare dalle terapie intensive e semintensive. Poteva capitare che un paziente ricoverato per una frattura in trazione, che all'epoca richiedeva mesi di degenza, si trovasse a dividere la stanza con un malato terminale. Le sofferenze dell'uno si confondevano con quelle dell'altro, nonostante le prospettive fossero drammaticamente differenti, e questo spesso aveva un impatto non da poco dal punto di vista dello stato d'animo.

Le possibilità messe in campo per alleviare e contenere quel dolore non erano paragonabili a quelle garantite dagli strumenti e dai farmaci di oggi. Espressioni come «terapia del dolore», «cure palliative» un tempo non si sentivano nemmeno pronunciare. Molti, a casa o in ospedale, morivano con l'unico conforto della fede, se credenti, o potevano contare a un certo punto esclusivamente sulla propria capacità di sopportare la sofferenza fisica e morale.

Nella mia esperienza di amministratore che da tanti anni deve confrontarsi ogni giorno con il governo della sanità, ho avuto modo di riflettere a lungo su questo, anche per via delle molte vicende di cui amici e cittadini hanno voluto rendermi partecipe, facendomi dono della loro testimonianza. Il clima di confidenza in cui ho ascoltato i racconti di tanta sofferenza mi ha profondamente toccato, ma sono rimasto altrettanto colpito dalla vicenda resa pubblica da Elena, la signora veneta di sessantanove anni che, malata terminale, ha scelto di andare in Svizzera per il suicidio assistito. Lo ha fatto affidandosi a una clinica con l'obiettivo di salvaguardare i suoi familiari da una pur indiretta collaborazione. Elena ha lasciato un videomessaggio per confermare la sua volontà e spiegare le motivazioni che l'hanno condotta a prendere questa decisione. Un video che per me si è trasformato in un altissimo momento di riflessione. Di fronte alle ragioni espresse dalla signora Elena, mi sono convinto che chiamano in causa tutti noi, indipendentemente dalle conclusioni che ognuno è libero di trarne.

In particolare mi ha scosso che abbia registrato il video poco prima di morire, probabilmente lo stesso giorno, forse a poche ore di distanza. Ho provato un senso di vuoto nel seguire il video appena pubblicato in rete e leggere poche ore dopo la notizia dell'avvenuta scomparsa di Elena.

Mi sono sentito come impreparato, ma con una certezza che prevaleva nell'animo: mi trovavo di fronte alla scelta di una persona a cui si doveva, prima di ogni altra considerazione, il massimo rispetto. Soltanto in un secondo momento possono subentrare gli interrogativi, e in particolare se qualcuno abbia il diritto e la facoltà di intromettersi in quella scelta basata su motivazioni oggettive esposte in maniera tanto chiara. Personalmente, infatti, ritengo che nessuno possa avere non solo gli strumenti, ma anche il titolo, per giudicare una scelta così intima e non delegabile.

Ognuno, però, è in grado di capire che ci sono scelte che, pur non comprendendole o non trovandoci d'accordo, vanno assecondate perché riguardano la sfera più profonda della coscienza del singolo.

Non riesco ad accettare, infatti, qualsiasi giudizio emesso sulla base di preconcetti. Ancora meno mi sembra si possa affrontare una «soluzione» rispetto a un tema come questo, associandola al grado di «evoluzione» raggiunto dalla società del terzo millennio. Mi rifiuto di considerare una questione di modernità quella che, invece, deve maturare ed essere concepita come un'oggettiva necessità: saper rispondere a un'esigenza improrogabile che muove dall'intimo della persona.

Guardo alle varie scelte possibili in materia di fine vita con un'unica convinzione: di fronte al termine della propria esistenza terrena ognuno reagisce a modo suo. Tutti dobbiamo avere il diritto di essere curati, aiutati, di ricevere qualsiasi forma di sostegno possa giovare all'integrità fisica e morale. Ma, a prescindere da ogni considerazione, ognuno è indubitabilmente solo di fronte al suo dolore, al di là di ogni cura e di ogni intervento. Per questo in tutte le occasioni in cui mi è stato chiesto quale sia la mia posizione in merito, mi sono sentito di dare una sola risposta: la priorità deve essere il rispetto assoluto della libertà del malato.

L'articolo 32 della nostra Costituzione sancisce un principio fondamentale, stabilendo innanzitutto che «la Repubblica tutela la salute come fondamentale diritto dell'individuo e interesse della collettività, e garantisce cure gratuite agli indigenti». Infine specifica: «Nessuno può essere obbligato a un determinato trattamento sanitario se non per disposizione di legge».

Così come la sanità oggi non è più quella di cinquant'anni fa – grazie alla scienza siamo riusciti ad aumentare l'aspettativa di vita e a scongiurare esiti infausti prima ritenuti inevitabili in determinate condizioni –, è altrettanto evidente che ci troviamo oggi a fronteggiare situazioni nuove. È chiaro, infatti, che il livello raggiunto dall'efficacia dei protocolli terapeutici, dalla qualità delle cure, dalla precisione diagnostica fa sì che un paziente possa essere molto più seguito e abbia maggiori aspettative di vita anche in caso di patologie dal prevedibile esito infausto. Questo rappresenta un grande traguardo. Basti pensare a quante sono le vittime di incidenti anche gravissimi che riescono a superare periodi di rianimazione o ai progressi fatti nel trattamento dei pazienti oncologici o a quanto oggi è possibile contenere il dolore. Ma è altrettanto vero che, proprio grazie ai nuovi orizzonti terapeutici, ci sono pazienti per i quali, invece, si protrae la fase di sofferenza, grave inabilità e non autosufficienza, in condizioni di sempre maggiore difficoltà. In virtù delle cure, quindi, si possono allungare di molto i tempi del decorso anche nei casi in cui queste proseguono a fronte del venir meno di ogni ragionevole speranza.

Da persona educata al massimo rispetto della vita mi auguro che questo tema continui a essere affrontato e dibattuto – come è giusto che sia – in modo civile, al di fuori di posizioni ideologiche di qualsiasi genere e scongiurando reazioni liberticide. La contrarietà di una parte merita rispetto e va assecondata come tale, ma non può essere la leva per ostacolare una decisione che appartiene esclusivamente alla sfera della coscienza del singolo. Soprattutto se le prese di posizione finiscono per alimentare una divisione sociale laddove, da un lato e dall'altro, si è convinti di essere i depositari della verità.

Ero ministro nei giorni in cui la vicenda di Eluana Englaro, che per molto tempo è stata al centro delle cronache, giunse alla sua conclusione. Proprio quando sembrava che si fosse alla vigilia di un passo importante dal punto di vista giuridico, ci si è invece fermati all'ultimo miglio, vanificando i risultati di un confronto portato avanti a livello istituzionale e che aveva coinvolto anche il Quirinale. Si è arenato tutto ed Eluana ha concluso la sua vita prima che la politica potesse dare una risposta. Quella risposta arrivò, invece, dalla magistratura, che autorizzò la progressiva riduzione dell'alimentazione forzata. Le istituzioni avevano lasciato il campo ai giudici, aggiungendo alla vicenda la delusione per aver sprecato un'opportunità di arrivare finalmente a un punto condiviso.

Riascoltare le dichiarazioni della signora Elena ci fa percepire distintamente tutta la difficoltà e la sofferenza dietro una scelta che non è semplice per nessuno. La signora ci parla del dolore di fronte agli affetti, delle molte altre implicazioni del suo percorso, non lo esprime ma lascia spazio anche alle sue perplessità. Lo fa con una lucidità estrema.

La necessità di dare una risposta a quanti, come lei, la invocano da tempo non credo rappresenti un disconoscimento dei nostri valori umani, della nostra fede religiosa o quantomeno della nostra cultura cristiana. Si tratta di affrontare una richiesta che arriva da una parte considerevole di cittadini.

Un importante cammino è stato intrapreso negli ultimi anni, soprattutto con la legge approvata nel dicembre del 2017 che, prevedendo le Disposizioni anticipate di trattamento, apre la strada al testamento biologico. Per quanto riguarda il suicidio assistito, a superare la politica è stata una sentenza della Corte costituzionale. Nel 2019, infatti, la Consulta ha chiarito che non è punibile secondo il Codice penale agevolare il proposito, purché quest'ultimo si sia formato autonomamente e liberamente, del paziente che «sia tenuto in vita da trattamenti di sostegno vitale» e «affetto da una patologia irreversibile» che è «fonte di sofferenze fisiche o psicologiche che egli trova intollerabili», e che sia pienamente «capace di prendere decisioni libere e consapevoli».

È in forza di questa sentenza che il mio conterraneo Stefano Gheller, del cui caso si sono occupate anche le cronache nazionali, ha ottenuto dalla sanità veneta di accedere alla procedura per il suicidio assistito. Un esito che è arrivato a seguito di un importante lavoro del comitato etico dell'azienda sanitaria competente per il territorio in cui risiede.

Ho avuto il privilegio di conoscere Stefano. Sono andato a fargli visita, dopo che mi aveva invitato a casa sua dove vive con la sorella, entrambi affetti da una grave malattia. Lo conoscevo solamente tramite i quotidiani e i media, ma confrontandomi con lui ho scoperto una persona eccezionale, un uomo innamorato della vita, a dispetto di quanto si potrebbe stupidamente pensare. Parlare con lui mi ha arricchito nel profondo. L'anno prossimo Stefano compirà cinquant'anni e da quando ne aveva quindici vive in carrozzina e grazie a un respiratore. Prova sulla sua pelle tutte le difficoltà della condizione di non autosufficienza; il dolore e il disagio traspaiono, pur nella disinvoltura della nostra chiacchierata.

Dopo un percorso durato mesi, fatto di incontri, attente valutazioni, colloqui con specialisti, pareri espressi dal comitato etico locale e da quello regionale, la commissione costituita dall'ULSS, riscontrando nel suo caso le condizioni previste dalla Corte costituzionale, ha dato parere favorevole alla sua richiesta di accedere al suicidio medicalmente assistito. Dunque, semmai arriverà quel giorno, quando si troverà a dover decidere sulla conclusione della sua esperienza terrena potrà farlo in piena libertà.

Ho capito che le persone che chiedono di accedere al suicidio assistito non sono motivate dall'obiettivo di porre fine alla loro vita al più presto. Piuttosto hanno la preoccupazione di trovarsi in una situazione in cui le condizioni fisiche e psicologiche non consentano loro più di decidere. Una riflessione che mi ha fatto ulteriormente comprendere quanto sia importante attivare e mantenere efficienti tutte le misure sanitarie e di sostegno psicologico necessarie affinché, fin quando possibile, siano scongiurate le condizioni che possono indurre una persona a fare una simile scelta. Questo è il compito della politica: non limitare ma garantire le libertà; fornire tutte le garanzie alla persona, a cominciare da quella di essere curata e assistita, sia fisicamente sia psicologicamente, fino alla tutela da eventuali pressioni esterne o istigazioni; fornire sostegno e la possibilità di una corretta informazione sul percorso; infine, rassicurare sul fatto che, a fronte di qualsiasi perplessità o volontà di cambiare idea, si possa decidere di tornare indietro. Dopodiché, davanti all'ineluttabilità del decorso e all'assenza di progressi clinici, in presenza delle condizioni fissate dalla sentenza della Consulta, non dobbiamo limitare le libertà ma rispettare la scelta finale che spetta solo ed esclusivamente al paziente.

Quante volte, inoltre, nei reparti ospedalieri e nei comitati di bioetica delle strutture sanitarie si discute e ci si interroga se sia etico il livello di cura a cui si è giunti nel caso di alcuni pazienti pur sapendo che non si possono più ottenere risultati.

Si tratta indubbiamente di interrogativi delicati che interessano la sfera etica, rispetto a cui non ho né le competenze specifiche né l'intenzione di entrare nel merito. Ma sono convinto che affrontare questo tema sia un grande segno di civiltà. Per questo ritengo indispensabile aprire il dialogo svincolandosi da ogni possibile ragionamento di opportunità politica.

«Il politico guarda alle prossime elezioni, lo statista alle prossime generazioni.» Spesso attribuita ad Alcide De Gasperi, la frase viene ricondotta anche al teologo statunitense James Freeman Clarke, che l'avrebbe pronunciata con una preziosa aggiunta: «Il politico guarda al bene del suo partito, lo statista a quello del suo paese». La politica, quindi, non può permettersi di essere anticipata dall'opinione pubblica. Se ciò accade vuol dire che non c'è una visione.

Questo tema è destinato a diventare un grande spartiacque nella storia della nostra comunità. Se da un lato la necessità di agire è evidente e profondamente avvertita da un punto di vista morale ed etico, dall'altro ho l'impressione che non sia chiaro a tutti che un paese che non riesce a legittimare quello che è consolidato nella coscienza comune è un paese che non dimostra attenzione, sensibilità e capacità di essere in sintonia con le esigenze espresse dai cittadini nella loro quotidianità.

Nella nostra memoria sociale è ancora vivo il ricordo della ritualità che scandiva il decorso della malattia di un familiare. La morte in casa, non solo di persone anziane, era l'evento finale di un cammino segnato dal principio del malessere, dall'aggravamento, dall'allettamento, dalla necessità di assistenza, dal prete che arrivava con l'estrema unzione. Un cammino progressivamente segnato da un odore penetrante, inconfondibile e indimenticabile che impregnava gli ambienti e restava indelebile nella memoria delle persone. Un contesto in cui non si sarebbe nemmeno potuto parlare di accanimento terapeutico perché la terapia, come la intendiamo oggi, non c'era o comunque era ridotta all'essenziale che una medicina per certi versi non ancora al massimo delle sue potenzialità poteva offrire. Ora, per fortuna, tutto è cambiato, e davanti a questo cambiamento sono richieste nuove risposte.

Oggi più che mai le scelte in questo campo sono intime e personali. Se capiamo questo, è più facile comprendere che non possono essere ostaggio di calcoli politici o convinzioni ideologiche. Il compito della politica è definire il perimetro delle ricadute e fissare le regole per evitare distorsioni.

Ogni volta che ci rifletto, mi chiedo quale sarebbe il risultato se i cittadini fossero chiamati tramite un referendum a esprimere un parere sull'ammissibilità della gestione del fine vita, magari confrontandosi con quanto già previsto in altri paesi. Ad anticipare una risposta è stata la stampa, pubblicando un recente sondaggio che rivela come una percentuale maggioritaria e alta dei cittadini del Nordest sia favorevole persino all'eutanasia in determinate situazioni caratterizzate da un'estrema gravità e ineluttabilità. Non credo possano essere considerate persone che invocano l'eutanasia per tutti, ma piuttosto che questo rappresenti la conferma di come ognuno di noi, trovandosi in assenza di speranze e prospettive terapeutiche, davanti a una malattia incurabile e a un decorso irreversibile che compromette la sua dignità, chieda di essere messo in condizioni di poter compiere una scelta.

Pur consapevole della differenza tra i temi e le situazioni, nei miei ricordi di ragazzino un clima simile è legato alla mobilitazione che nel maggio del 1981 animò la campagna referendaria per l'abrogazione della legge 194 sull'interruzione di gravidanza. In un paese a maggioranza cattolica, all'epoca più praticante e meno secolarizzato di oggi, i cittadini scelsero di non abrogare la legge, come già avevano fatto nel 1974 con il divorzio. Negli anni sono emerse le letture più disparate di quella decisione e il risultato viene tirato in ballo per sostenere alternativamente l'una o l'altra versione, a seconda della parte politica. Oggi, liberi da una visione ideologica, o quantomeno molto più attenuata che in passato, credo che l'interpretazione che si possa dare di quella decisione sia una sola: aver scelto di non abrogare la legge non significa per tutti essere a favore dell'aborto come principio, ma certamente esprime la volontà di tutelare la libertà di scelta della donna.

Un altro dibattito su una materia ugualmente sensibile mi ha coinvolto più da vicino, quando ero studente alle superiori. Il tema in discussione era la donazione di organi, oggi diffusissima e universalmente accettata come atto di infinita generosità perché rappresenta l'esaltazione della vita oltre la morte; ogni donazione, infatti, benché segni la fine di una vita, costituisce allo stesso tempo la salvezza di un'altra. Eppure questa visione ormai consolidata nasce da un dibattito etico tra pareri contrapposti successivamente giunti a una sintesi che ha permesso di conciliare le opposte visioni con le opportunità offerte da un grande traguardo raggiunto dalla scienza.

Tra i banchi di scuola, in quel novembre del 1985, ci confrontavamo sul caso di un nostro sfortunato coetaneo di Treviso, Francesco Busnello, tristemente assurto agli onori della cronaca perché, deceduto a seguito di un incidente, era diventato il donatore numero uno per il primo trapianto di cuore in Italia.

Quel primo caso fu particolarmente sentito nel Veneto, perché corregionali erano anche altri protagonisti della vicenda: il cardiochirurgo, professor Vincenzo Maria Gallucci, di origini emiliane ma la cui carriera è legata all'ateneo patavino, e il ricevente, Ilario Lazzari, oltre agli ospedali coinvolti, il trevigiano Ca' Foncello per il prelievo, e la clinica cardiochirurgica di Padova per il trapianto.

Se ne parlava molto a scuola, in famiglia, al bar. Nel nostro paese erano già stati eseguiti trapianti di altri organi, come i reni, o di tessuti come le cornee, ma il cuore, che nell'immaginario collettivo è simbolo della vita e dei sentimenti, segnava una vera rivoluzione.

Quel primo trapianto, inoltre, ci offriva l'occasione di guardare con altri occhi alla nostra terra. Una realtà agricola che si stava affermando in quegli anni come area imprenditoriale capace di diventare un polo produttivo di rilevanza mondiale e che, con quel primato medico nazionale, confermava anche di essere una realtà scientifica e sanitaria competitiva.

La mattina del 14 novembre il paese si svegliò con la notizia che il primo trapianto di cuore si era concluso positivamente: un risultato che riempiva di orgoglio, oltre che una delle tappe che avrebbero condotto il Veneto a diventare una regione leader nel sistema dei trapianti, non solo a livello nazionale, con ben cinque centri trapianti, una banca dei tessuti a Treviso e una degli occhi a Mestre, tra le prime al mondo per la mole di donazioni raccolte. Le stesse province venete sono ai vertici nazionali per il numero di donazioni e i centri sanitari per quello di trapianti.

Non tutti però accolsero con favore quel primo trapianto per quello che era: l'inizio di un percorso che avrebbe portato a salvare molte vite umane grazie alla generosità dei donatori. Un dibattito si era già aperto sull'opportunità etica di utilizzare parti del corpo umano che alcuni paventavano potessero essere trattate come «pezzi di ricambio». Ricordo un dibattito televisivo in cui il pubblico si divideva in due fazioni: chi sosteneva l'assoluta impraticabilità morale di un simile intervento e chi al contrario considerava banale e ridicola quell'obiezione. Nessuna posizione espressa da quelle persone si fondava su solide argomentazioni scientifiche, ma gli animi si infiammavano per quella faziosità purtroppo tipica del nostro paese, per cui, appena finita una partita dei Mondiali, tutti si trasformano in commissari tecnici della nazionale.

Guardando quelle immagini, pensai che non è possibile, soprattutto su argomenti in cui la posta in gioco è così alta, portare all'estremo dibattiti che rischiano di essere inutili perché condotti in un clima di contrapposizione viscerale che fa perdere di vista il vero obiettivo.

Se un giorno dovesse toccare a me, vorrei aver avuto la possibilità di decidere prima ed essere libero di farlo secondo coscienza. Sono passati quasi quarant'anni ma quella convinzione maturata da ragazzino non è venuta meno.

6.
La sfida ecologica che ci attende

Quei fili di fumo sottili e apparentemente inestinguibili che un tempo punteggiavano la campagna erano una costante nel paesaggio della mia gioventù. A volte si fondevano con la foschia delle nebbie invernali che lungo alcuni tratti di strada diventavano ancora più dense, mentre l'umidità si mischiava all'odore di bruciato. Girare per i campi, scorrazzare all'aperto in libertà e a contatto con la natura era la norma per noi ragazzi, e nei lunghi vagabondaggi per le ampie distese di terreno agricolo quel fumo ci rivelava la presenza delle case sparse per le campagne: per lo più proveniva dalle cucine che all'epoca erano alimentate a legna. Ma non solo.

In quegli anni ogni famiglia possedeva almeno un animale: anche solo una vacca per il latte, ma che tornava utile inoltre per il letame, che, in una sorta di economia circolare *ante litteram*, era riutilizzato per concimare i campi. Prima però, anche se il termine in uso era un altro, doveva essere «compostato». Per questa ragione, in prossimità delle stalle c'era sempre il letamaio, dove il residuo veniva depositato e lasciato in una grande vasca, scavata per terra e chiusa da semplici assi di legno, o rivestita di cemento nelle case più attrezzate e già proiettate verso un futuro di vere aziende agricole.

Più raramente qualcuno lo allestiva lontano dall'abitazione, vicino ai campi su cui il concime sarebbe stato sparso. Questa zona nei dintorni della casa diventava quindi quella che oggi definiremmo una piccola «area ecologica privata», in cui smaltire i rifiuti che le famiglie, all'epoca numerose, producevano. Quelli biodegradabili – in prevalenza scarti vegetali – condividevano il destino del letame; per i pochi altri, con una tecnica non proprio ortodossa e lontana da una sensibilità che sarebbe maturata solo in seguito, si provvedeva a una lenta combustione.

Di quelle piccole discariche a uso familiare se ne incontravano a decine, perché ogni contadino aveva la sua. Il letamaio diventava la destinazione finale in cui confluiva tutto ciò che non trovava un uso alternativo, mentre le bucce e i torsoli della frutta, o le foglie più esterne e deteriorate del cespo d'insalata, passavano direttamente dalla tavola alla gabbia dei conigli e degli altri animali da cortile, che le divoravano come una leccornia. E anche i pochi scarti che gli animali non gradivano non venivano abbandonati in giro, ma riutilizzati come lettiera. Infine, esaurita la loro funzione, si gettavano nel letamaio, dove con il tempo diventavano un tutt'uno con il concime organico.

La plastica non esisteva o, per meglio dire, non era ancora onnipresente, ma iniziava a fare la sua comparsa, in modo ancora limitato e soprattutto selettivo. Veniva impiegata infatti per secchi, mastelli, catini e altri contenitori di uso domestico o negli ambienti lavorativi, e quindi destinati a un impiego intensivo e duraturo. L'aberrazione di utilizzare il materiale più resistente e indistruttibile per l'«usa e getta» era di là da venire. A farla da padroni erano ancora il vetro e il metallo, che ben si adattavano a contenitori per tutti gli usi.

I rifiuti non compostabili, quindi, erano prevalentemente carte, cartoni, metalli, legno, truciolato, paglia. Gli stessi imballaggi, infatti, erano realizzati con paglia di legno e residui di segheria.

Queste immagini del passato che rimandano a un paesaggio bucolico danno l'idea di un mondo rispettoso delle risorse e dei ritmi della natura. E in parte era senz'altro così. Ma nascondono anche un risvolto negativo, quello di una comunità che, se per certi versi agiva bene, lo faceva del tutto inconsapevolmente, senza possedere quella che oggi definiremmo una solida coscienza ambientale.

Se infatti tutto quanto va sotto il nome di «biodegradabile» finiva nel letamaio, il resto, purché non fosse metallo, veniva bruciato all'aperto, compresa purtroppo anche la plastica quando cominciò a essercene troppa. In quei roghi finivano anche cartoni intrisi di sostanze chimiche o altre componenti dannose. Ignorando il pericolo, non si aveva cognizione dei potenziali rischi, semplicemente si metteva in atto una consuetudine ereditata da un mondo in cui, almeno fino a quel momento, non esistevano inquinanti.

In altre parole: se la natura era in grado di «autodigerire» gran parte degli scarti prodotti nelle attività quotidiane, non era per una virtù intrinseca di quella società, ma solo perché quasi tutti i prodotti provenivano dalla natura stessa, e questa se ne riappropriava. Una realtà che è diventata evidente, appunto, quando si è tentato di applicare quei meccanismi virtuosi anche ai prodotti contenenti sostanze nocive che cominciavano ad apparire sul mercato.

L'assenza, o la presenza contenuta, di grandi inquinanti e la prevalenza di prodotti naturali facevano sì che non sorgessero le tante complicazioni che oggi tutti conosciamo, pur in mancanza di una cultura responsabile nell'organizzazione dei rifiuti.

Le immagini dei frutteti e dei vigneti, con i tronchi candidi di calce e le parti aeree smeraldine per il verderame, luccicano ancora nella mente del bambino che sono stato. Ma è la sola, flebile immagine di un mondo in cui quelli erano i più diffusi presidi contro i parassiti. Assieme a me, infatti, è cresciuto anche l'utilizzo di anticrittogamici e sostanze chimiche, e con l'avvento dei nuovi ritrovati si è innescata un'evoluzione ancora più drammatica che ha visto aumentare a dismisura inquinamento e rischi per la salute, in un'inarrestabile ascesa che negli anni settanta e ottanta avrebbe raggiunto le dimensioni di una vera invasione chimica.

Non dobbiamo cadere nell'errore di attribuire a chi è venuto prima di noi categorie di pensiero – come l'odierna «cultura ambientale» – che allora non esistevano affatto e che siamo noi a proiettare su un passato che, in quanto tale, diventa «mitico». Quando oggi parliamo del biologico indicandolo come un modello per il ritorno agli alimenti di una volta, sbagliamo non sapendo di sbagliare. Se anche il contadino di un tempo è stato «bio», lo è stato infatti senza averne cognizione, e finché sui campi non è arrivata la chimica. Già mezzo secolo fa, negli anni sessanta, l'impiego di prodotti chimici cominciava a diffondersi. Peraltro, si trattava di prodotti che oggi non ci sogneremmo mai di impiegare, perché altamente aggressivi e nocivi. L'agricoltura non era ancora meccanizzata al livello odierno e, in tempi in cui il contadino poteva contare soltanto sulla forza delle sue braccia, è comprensibile che disseccanti ed erbicidi potentissimi fossero ritenuti una soluzione efficace per arrivare in poco tempo ai risultati che di solito richiedevano intere giornate di lavoro sotto il sole o sotto la pioggia.

Bisogna mettersi nei panni di quei contadini. La situazione è simile a quella di un malato, preda di dolori lancinanti e persistenti, a cui venga proposto un farmaco che li fa sparire in un battibaleno. Probabilmente la medicina agisce soltanto sui sintomi e magari produce pericolosi effetti collaterali, ma, se il paziente ne è all'oscuro, per lui rappresenta il ritrovato miracoloso in grado di risolvere i suoi problemi. Di conseguenza, continuerà ad assumerlo ogni volta che si ripresenterà il dolore, proprio come è avvenuto con gli erbicidi con i quali il terreno è stato trattato per anni.

Chi oggi rimpiange quel presunto eldorado, dunque, forse non ricorda che proprio a quei tempi si verificava il massimo e indiscriminato impiego della chimica nei campi, negli allevamenti e in altri settori: basti pensare ai coloranti per le bibite e gli alimenti industriali, agli effetti nocivi dei conservanti. Di certo la maggior parte dei cittadini non ne era consapevole, così come gli stessi agricoltori, che non sapevano esattamente che cosa spargevano sui campi.

Non si può dire che il problema risiedesse in una scarsa sensibilità verso un ambiente sano: quella sensibilità non esisteva affatto. E non era neanche questione di procurare un danno agli altri, salvando se stessi. Penso all'officina di famiglia, come del resto a molte altre realtà, in cui venivano impiegati solventi o altri composti non solo sui macchinari ma anche per rimuovere lo sporco che inevitabilmente restava addosso agli addetti ai lavori. Ricordo in particolare che negli anni in cui lavoravo come meccanico ci si lavava le mani con un liquido a cui oggi non ci si avvicinerebbe nemmeno se fosse sigillato in una tanica. Eppure sciacquarsi con quel diluente era la norma, un gesto banale e quotidiano. Quando il nero del grasso dei motori si accumulava sulle mani dopo una giornata di lavoro, ci sciacquavamo con lo stesso liquido che di solito si impiegava per la pulizia delle parti meccaniche. Il prodotto veniva versato direttamente sul motore, dopodiché si passava un getto d'acqua: man mano che questa investiva i metalli, le incrostazioni sparivano e tornavano lucidi, come nuovi. Oggi, solo a pensarci, rabbrividisco, e qualcuno potrebbe anche ritenere che fossimo davvero ignoranti. Ma funzionava così e quella era la normalità; eravamo figli della disinformazione e vittime di un progresso senza regole.

Gli stessi ambienti di lavoro erano soggetti all'impiego o alla produzione di determinati materiali, la cui pericolosità è stata scoperta solo in anni recenti. Basti pensare alla produzione di eternit: credo non esistesse una casa in cui almeno una tettoia o lo sportello che chiudeva il pollaio non fosse di quel materiale. E che dire degli operai che lavoravano sulle strade, sempre esposti al rischio di gravi patologie, o dei minatori, che fino a pochi decenni fa operavano in condizioni non molto differenti da quelle dell'Ottocento, o ancora dei pericoli a cui erano esposti senza saperlo gli asfaltisti ma anche i ceramisti, i saldatori e molti altri.

L'immagine idilliaca del cittadino/contadino che compiva consapevolmente scelte salutari e salutiste, dunque, è suggestiva, ma non corrisponde alla realtà. Quella condotta nasceva semplicemente dalla contingenza storica, non da un'elaborazione culturale e, non a caso, è stata presto superata al minimo comparire delle truppe corazzate dell'industria chimica.

Troppo spesso si tende a semplificare, crogiolandosi nell'illusione che il mondo di oggi avrebbe rovinato tutto ciò che in passato si era custodito con amore. Non è così, perché sono stati proprio coloro che ci hanno preceduto, pur senza volerlo, ad avviarsi su questa pericolosa china.

Con l'avvento dei materiali chimici, la zona dei cortili destinata alla raccolta dei rifiuti ha iniziato a trasformarsi in una vera e propria discarica come la intendiamo oggi, raccogliendo quei materiali che la natura non era più in grado di riassorbire da sola. I falò che fino a quel momento avevano bruciato cartoni e sterpaglie cominciarono a mandare in fumo anche plastiche e imballaggi sintetici.

Oggi giustamente si condanna la combustione selvaggia dei rifiuti, ma a partire dalla fine degli anni settanta era così ovunque. Probabilmente c'erano sempre state, ma fu in quegli anni che cominciarono a moltiplicarsi le vere discariche, quelle destinate a diventare un problema planetario.

Il viaggio in auto fino a Marbella che feci con gli amici dopo la maturità, oltre ai meravigliosi paesaggi, al divertimento e alla scoperta di un mondo che non conoscevo, mi mise di fronte anche a una spiacevole realtà. Attraversando la Pianura Padana in macchina, quando ci trovavamo nei pressi di una città si ripeteva identica una scena: grandi stormi di gabbiani si lanciavano in picchiata su spazi disseminati di collinette scure da cui si levavano colonne di fumo. Era il segnale che eravamo in prossimità di una discarica. Man mano che ci avvicinavamo, al volo dei gabbiani seguiva un'altra avvisaglia: un odore nauseabondo che penetrava nell'abitacolo e ci accompagnava finché non ci eravamo lasciati la zona alle spalle.

Quelle, all'epoca, erano forme di smaltimento volte a segnare un progresso, ma ancora molto lontane dal rappresentare un intervento davvero efficace. Le discariche più datate, spesso, non erano coibentate, nemmeno impermeabilizzate: in sostanza non si trattava che di immense buche, il più delle volte una vecchia cava, in cui si buttava qualsiasi cosa nella convinzione che bastasse ricoprire di terra il tutto per risolvere la questione. Questa presunzione ha causato l'inquinamento delle falde acquifere e aperto tutta una serie di problemi che ancora oggi affliggono alcune comunità a livello ambientale e sanitario.

Certamente, guardando al passato, è innegabile che rispetto a quegli anni sia maturato un senso di responsabilità nei confronti dell'ambiente e della comunità, facendo segnare passi da gigante. Ma non si tratta di una «riscoperta», come molti vorrebbero credere. Quel senso di responsabilità è nato dall'esperienza, è cresciuto man mano che si acquistava consapevolezza dei rapporti di causa-effetto tra certi comportamenti e alcune conseguenze più o meno gravi a tutti i livelli. Per tornare al caso dei falò, le persone sapevano che il rogo di materiale plastico le avrebbe esposte al rischio di intossicazione, ma ritenevano di poterlo aggirare se il fuoco era distante. Oggi sappiamo che è una pia illusione, e che il tema in generale e le sue ricadute vanno affrontati con interventi concreti, a cominciare dagli atteggiamenti e dalle consuetudini del singolo.

Va inoltre riconosciuto che questa coscienza è nata sulla spinta dei grandi movimenti ambientalisti. Mi riferisco a quell'ambientalismo sano, non ideologico che, pur con fermezza, non è partito da preconcetti, ma ha posto questioni che erano già all'ordine del giorno nel Nord Europa. Questioni da cui si è sviluppata un'attenta opera di educazione dei più giovani, in parallelo con la scuola. I ragazzi e le ragazze che avevano subito lo status quo, infatti, hanno raccolto e portato avanti la sfida fino a renderla prioritaria per il mondo occidentale. È grazie a loro se è nata una nuova era ambientale per i nostri territori.

È così che abbiamo intravisto l'uscita dalle nebbie dell'inquinamento. Un inquinamento che era particolarmente evidente nelle condizioni dei fiumi. Negli anni della mia infanzia e adolescenza, i corsi d'acqua rappresentavano delle vere discariche in movimento. I fiumi, da cui come la storia insegna è nata la civiltà, erano diventati una cloaca che raccoglieva liquidi di ogni genere, tra i quali molti liquami e soprattutto le acque bianche delle abitazioni. Ma non solo: galleggiavano anche rifiuti ingombranti come sacchi della spazzatura, scatole di medicinali, a volte anche carcasse di animali che lentamente sarebbero arrivate al mare seguendo la corrente. In campagna come in città, un corso d'acqua era una sorta di nastro trasportatore di residui di ogni tipo.

Semplicemente non «vedevamo» il problema, perché abituati a vivere in un contesto che non contemplava la minima responsabilità. Dirò di più, noi ragazzini di campagna eravamo abituati a «frequentare» la spazzatura. Oggi nessuno crederebbe che un bambino possa mettersi a giocare con i rifiuti. Certamente non come i tanti bimbi di Korogocho, in

Kenya, le cui immagini ci mostrano la tragica realtà di un'infanzia costretta a convivere con milioni di tonnellate di rifiuti, con i più piccoli che vanno alla ricerca di cibo o di materiale da recupero, di cui vivono. Quando osservo quelle immagini provenienti da paesi in via di sviluppo o meno fortunati del nostro provo compassione e tenerezza. Innanzitutto per la situazione di estrema povertà e degrado in cui versano quelle aree. Ma soprattutto perché, con le dovute differenze, naturalmente – noi lo facevamo per gioco e tornavamo nelle nostre case accoglienti e moderne, pulite e dotate di servizi igienici –, riconosco quella disinvoltura, quella naturalezza nel trovarsi tra i rifiuti, come fosse del tutto normale.

Al giorno d'oggi fa ribrezzo anche solo avvicinarsi a un sacco dell'indifferenziata che non sia il nostro. Questi ultimi anni di pandemia hanno incrementato l'adozione di molti accorgimenti igienici che, pensati per contrastare il contagio, sono stati assimilati e fanno ormai parte delle nostre abitudini. Ma per i bambini come lo ero io, la familiarità con lo sporco era esperienza di tutti i giorni. Fuori dalla porta di casa succedeva di tutto: camminavamo addirittura a piedi nudi sui bordi di fossi asciutti in superficie, ma il cui fondo era ricoperto da una melma nera e maleodorante che altro non era se non il deposito di inquinanti rimasti lì a macerare per anni.

Se mi permetto di rievocare queste immagini alla memoria di coloro che sembrano averle dimenticate non è affatto per demolire la società di allora né tantomeno per colpevolizzarla. Intendo semplicemente sottolineare che la presa di coscienza è venuta dopo, ed è stata frutto, come molte delle conquiste che ho ripercorso in queste pagine, di un cambiamento culturale.

È proprio ripensando agli anni in cui l'ambiente era maggiormente oltraggiato che provo grande soddisfazione di fronte a certi risultati. Anche nel 2022, ad esempio, le acque del Veneto si sono viste attribuire un riconoscimento positivo da parte di Goletta Verde e Goletta dei Laghi, le due campagne itineranti di Legambiente che ne certificano la pulizia. In nessuno degli undici punti campionati dal monitoraggio scientifico su mare, laghi e foci dei fiumi sono stati rilevati livelli di inquinamento superiori ai limiti di legge. Lo considero un grande riconoscimento, soprattutto in vista delle sfide che abbiamo di fronte, a partire dal cambiamento climatico e dalla siccità conseguente. Ma è anche un attestato che certifica gli ottimi risultati di un percorso che viene da lontano, non improvvisato, in una terra che dimostra di saper coniugare le tematiche ambientali con la realtà di un grande sviluppo economico e turistico.

Non possiamo nasconderci che questi successi raccolgono i frutti di un albero il cui seme è stato piantato negli anni dalla presa di coscienza della mia generazione. Da ragazzo ho visto svilupparsi questi temi e li ho seguiti con attenzione.

Sono rimasto meravigliato, ad esempio, nel sentir parlare di difesa del pianeta affrontando anche il tema del consumo dei medicinali – per via dello smaltimento dei farmaci che in quegli anni rappresentavano un consumo ingente – e i dati riguardanti il consumo di carne. Sarei arrivato col tempo a capire il perché.

In quegli anni iniziavamo a lasciarci alle spalle la miseria e ad affacciarci alla realtà del benessere, e potersi permettere determinati cibi aveva un valore simbolico: la possibilità di mettere in tavola una bistecca significava essere usciti dalla povertà. Peraltro, non essendo ancora diffusi i metalli antiaderenti, questa si cuoceva con il burro affinché non si attaccasse. La carne, che da cruda poteva sembrare un «lenzuolo», arrivando a coprire tutta la padella, con la cottura si riduceva a meno della metà, e non era un buon segno. In quegli anni non si pretendeva un controllo serrato sulla qualità dei cibi che giungevano sulle nostre tavole. La chimica, pur non contaminando direttamente l'ambiente, arrivava a noi per altre strade, come la sofisticazione degli alimenti: la somministrazione in alcuni casi di ormoni sintetici o naturali agli animali per favorirne la crescita e aumentare i profitti provenienti dal commercio delle carni.

Il livello di sorveglianza era minimo, secondo la legge allora vigente. Ancora meno diffusa era un'attenzione alle abitudini alimentari: dopo anni di malattie causate dalla miseria non si pensava che il benessere potesse rivelarsi dannoso. Al contrario, dominava una sorta di presunzione per cui sembrava che nulla potesse essere nocivo. Il raggiungimento dell'agognato benessere aveva diffuso quasi un senso di onnipotenza: qualsiasi prodotto era una manna venuta dal cielo. Sicuramente su quella spregiudicatezza prosperavano interessi di grandi aziende produttrici, e tutto quello che rappresentava una novità veniva accolto come «garantito» perché nell'immaginario collettivo la modernità era anche simbolo di maggior salubrità. L'esatto contrario di quanto avviene oggi: non solo si parla della materia con cognizione di causa, ma un prodotto viene sottoposto ai controlli più scrupolosi prima di proporlo sul mercato.

La prima mossa di questo grande effetto domino, che ha rivoluzionato il rapporto con l'ambiente e l'approccio alla salute dei cittadini, è scaturita dalla necessità di dover porre fine al sistema delle discariche, diventato insostenibile.

Ricordo bene gli albori di questo cambiamento, quando i rifiuti venivano raccolti nei sacchi per strada – alla mercé di gatti e altri animali –, per poi passare al cassonetto. Pian piano dalla semplice presa di coscienza a livello sociale si è riusciti a invertire il paradigma. Se fino a quel momento il problema del conferimento dell'immondizia rappresentava nella mente delle persone un punto di arrivo, da allora invece diventava un punto di partenza.

Il giorno in cui, insieme ad altri ragazzi, vidi gli operai collocare delle enormi campane verdi lungo la strada, non mi rendevo certo conto di trovarmi ai blocchi di partenza di un grande percorso. Erano i primi anni ottanta e quei giganteschi contenitori che a poco a poco ci sarebbero diventati familiari rappresentavano la prima forma di raccolta differenziata avviata nel nostro paese: il recupero del vetro. Una nuova abitudine che doveva attecchire dopo anni in cui avevamo gettato nello stesso sacco qualsiasi cosa avanzasse o non servisse più. Tutto andava incontro allo stesso destino: la buccia di banana come il foglio di carta appallottolato, la penna Biro insieme alla bottiglia, i fondi del caffè con le lattine vuote.

Perché proprio il vetro? Non certo per una scelta «astratta» né di principio, ma perché era il materiale più facilmente riciclabile, oltre a costituire un serio pericolo per via dei cocci nelle operazioni di raccolta, come mi aveva detto un operatore. Si era premurato di aggiungere un'altra motivazione, spiegando che l'Italia acquistava dall'estero cocci di vetro per alcune attività produttive, e che dunque sarebbe stato meglio riciclare quello di cui già disponevamo, prodotto ogni giorno a tonnellate dalle famiglie.

Era l'uovo di Colombo. Da quanti anni nelle nostre parrocchie si recuperavano carta, cartone e ferro vecchio per venderli al macero e sostenere con i proventi le attività dell'oratorio o della scuola materna? Anch'io, periodicamente, insieme ai miei amici giravo per le case raccogliendo materiale che accumulavamo vicino alla chiesa per poi smaltirlo. A ripensarci oggi, fu quello il vero prototipo della raccolta differenziata.

Quando avevo circa sedici anni, arrotondavo la paga che mi passava mio padre per il lavoro in officina mettendo da parte pezzi di filo di rame, residui in alluminio o ottone che avanzavano dalle riparazioni. Essendo metalli più pregiati, il raccoglitore li pagava di più e così potevo ricavare qualche soldo. Ma nemmeno in un ambiente come quello dei raccoglitori, l'unica roccaforte della differenziata per decenni, era tutto rose e fiori, anzi; i metodi utilizzati erano piuttosto discutibili. Quando portavo loro il mio quantitativo di rottami, ad esempio, la pulizia dei metalli avveniva eliminando i pezzi di plastica con il fuoco.

Il passo successivo, dopo la raccolta del vetro, fu quella dell'umido. Seppur involontariamente, i contadini, con i loro letamai, in un certo senso avevano anticipato i tempi.

Da presidente della Provincia di Treviso ho varato un provvedimento che mi rende particolarmente orgoglioso, perché ha messo fine a una pagina di storia durata troppo a lungo. Ho firmato la chiusura di tutte le discariche della Marca Trevigiana. Sembrava impossibile all'epoca, e molti sostenevano che non sarebbe durato a lungo. Invece siamo riusciti a dimostrare che il ciclo dei rifiuti, grazie all'appoggio e al coinvolgimento della comunità, si può gestire con una raccolta differenziata anche «estrema». Estrema perché richiede ai cittadini una separazione quasi ossessiva dei rifiuti, il conferimento in appositi contenitori specifici e molto senso civico.

Ma se ha funzionato è stato proprio perché quella scelta è stata frutto di una solida strategia sociale, che ha coinvolto tutti. Una vera transizione avvenuta con successo: oggi il Veneto contende ai paesi nordici del vecchio continente il primato su questi temi ed è in grado di competere quanto a risultati. Stando ai dati, i veneti sono al primo posto a livello nazionale per il trattamento dei rifiuti sia indifferenziati sia differenziati. L'obiettivo, fissato nel piano rifiuti regionale, di produrre una quantità di rifiuti inferiore a 100 chilogrammi per abitante all'anno è stato raggiunto in più di quattrocento comuni. Sono risultati che ci consentono di guardare serenamente al traguardo di un conferimento annuo inferiore a 80 chilogrammi a persona.

È vero, idealmente possiamo dire che in qualche modo si tratta di un ritorno alle origini, a quella embrionale economia circolare che si vedeva nelle famiglie di un tempo, ma in un senso diverso. La differenza, enorme, sta in una presa di coscienza, in una visione consapevole che sceglie di adottare una condotta a beneficio delle nuove generazioni e in accordo con il profondo senso di comunità che la contraddistingue. Senza queste caratteristiche la rivoluzione culturale non sarebbe stata possibile: è qualcosa di acquisito, senza alcun dubbio, ma su cui non possiamo permetterci di abbassare la guardia.

Orgoglioso della realtà rappresentata dalla mia regione in questo ambito, non penso che Greta Thunberg possa permettersi di dare lezioni di ambientalismo al mondo. Allo stesso tempo, però, ritengo che la sua attività abbia un grande valore e vada riconosciuta come elemento capace di risvegliarci dal torpore, di rianimare la discussione e l'impegno verso il futuro che ci attende.

Se a volte trovo discutibile il modo in cui si pone – probabilmente per un fatto generazionale –, è perché ritengo che il presupposto su cui fondare il dialogo debba essere il rispetto, e su questo ho l'impressione che mostri qualche pecca. Ma la sua è una forte azione propulsiva che ha il merito di rendere non solo partecipi ma protagonisti i giovani, da cui la grande opera di sensibilizzazione non può prescindere.

Quando si parla di un «grande sacrificio collettivo», ovvero di un impegno inderogabile richiesto a tutti, bisogna pensare che si vuole intervenire su situazioni consolidate, da affrontare con la massima cautela. Non si può credere che interi modelli produttivi possano estinguersi da un momento all'altro, semplicemente spegnendo un interruttore, soprattutto non a partire da una posizione ideologica. Se rimaniamo prigionieri delle ideologie, non andremo da nessuna parte. Uscendone, invece, agevoliamo un percorso.

Se dovessimo decidere tutt'a un tratto che la plastica va archiviata per sempre, avremo decretato la rivoluzione di un sistema produttivo ma non otterremo nulla.

Se procediamo per gradi, invece, programmando delle scadenze e decidendo che entro un numero congruo di anni si debba raggiungere il risultato di un mondo «plastic free», stiamo prospettando un obiettivo concreto e anche l'industria interessata avrà il tempo di riprogrammarsi senza scaricare indistintamente sui cittadini i costi di una riconversione.

Ritengo che – come sempre accade – la verità stia nel mezzo. L'azione ambientalista portata avanti dai giovani va quindi sostenuta. A loro spetta proseguire il cammino al di là di ogni tentativo di strumentalizzazione, politica e non. È un percorso che dobbiamo portare a termine insieme. Solo in questa unità di intenti si può trovare la forza necessaria per cambiare davvero.

Credo sia indispensabile procedere su questa strada ma partendo dal presupposto che, se non c'è la collaborazione dei cittadini, siamo destinati a ritrovarci con un nulla di fatto.

Nondimeno credo sia un'illusione ritenere sufficiente l'emanazione di decreti e leggi per risolvere i problemi dell'ambiente. Se nel 2002, da presidente della Provincia di Treviso, avessi gestito la chiusura delle discariche e l'avvio della differenziata a suon di norme per obbligare i cittadini trevigiani a conformarsi, probabilmente il risultato sarebbe stato un abbandono indiscriminato di rifiuti sul territorio. L'impegno, invece, è stato proposto come una sfida di comunità e questo ha fatto la differenza. Condividere un problema e la ricerca della soluzione, concentrarsi su un modello culturale in grado di risolvere il problema alla radice, si è rivelata una strategia vincente.

La sfida oggi è la sostenibilità, nella consapevolezza – e qui mi rifaccio a un vecchio adagio scout che dovrebbe diventare un mantra per tutti – che abbiamo il dovere di lasciare il mondo migliore di come lo abbiamo trovato. Per fare questo non possiamo arrenderci davanti a nessuna battaglia, per quanto disperata e faticosa possa sembrare.

Penso, ad esempio, a quella per la qualità delle acque e delle falde. Il Veneto è tuttora protagonista di una vicenda diventata suo malgrado emblematica, quella dell'inquinamento da PFAS. Con questo termine si fa riferimento a una sostanza chimica poco conosciuta al di fuori della ristretta cerchia degli addetti ai lavori, ma largamente impiegata in passato dall'industria per la realizzazione di vari prodotti.

In Regione siamo venuti a conoscenza di questa realtà a maggio del 2013, quando ci è stata data comunicazione di un'estesa e approfondita indagine del Consiglio nazionale delle ricerche, in cui veniva segnalata la presenza di PFAS nelle acque di alcuni comuni veneti. In una vasta area tra le province di Verona, Vicenza e Padova, era stata rilevata la presenza di queste sostanze e la contaminazione era da ricondurre principalmente agli scarichi di un sito industriale. Pur non venendo rilevate dall'Istituto superiore di sanità situazioni di rischio immediato per la popolazione, si rendeva necessario adottare provvedimenti preventivi e predisporre i dovuti controlli per il contenimento. La Regione si è attivata subito, portando a termine oltre 50.000 campionamenti nei tre anni successivi alle rilevazioni del CNR e istituendo un'apposita commissione tecnica. Ha inoltre scritto alle procure, mettendo in piedi un laboratorio di analisi che oggi è un punto di riferimento a livello nazionale, e portando avanti una serie di attività, non ultima una causa giudiziaria, tuttora in corso, che ha acquisito rilevanza e visibilità internazionali. Attualmente il Veneto risulta l'unica regione ad aver imposto un limite PFAS nelle acque pari a zero.

È indubbio che l'impegno sia stato notevole anche sotto l'impulso della società civile e dei movimenti come quello delle «Mamme No PFAS» che, giustamente preoccupate per la salute e il futuro dei loro figli, hanno tenuto alta l'attenzione sul tema. Se oggi è in corso un processo nelle aule di giustizia è perché la Regione ha istruito un dossier affinché la causa nei confronti di chi ha responsabilità in merito possa andare avanti.

L'inquinamento da PFAS è una delle vicende più vergognose figlie di quella totale mancanza di cultura ambientale che abbiamo visto caratterizzare i decenni scorsi.

Un'altra grande partita si gioca sul cibo, verso cui i consumatori dimostrano oggi una spiccata sensibilità, in particolare per i prodotti del comparto agroalimentare. Questo cambiamento nasce dall'aver ormai acquisito un senso di responsabilità non solo verso la propria salute ma anche verso le future generazioni. Oggi si è consapevoli che per alcuni prodotti vengono impiegati sistemi che comportano rischi elevati sia per l'uomo sia per l'ambiente. La diffusione di alimenti biologici, che rappresenta un segnale di questa maggiore sensibilità, aumenta costantemente grazie a molti giovani imprenditori che hanno dato vita a una miriade di start up agricole in cui la salubrità è il presupposto stesso dell'attività. Il biologico è un settore a cui prestare la massima attenzione: smette di essere riservato a una ristretta cerchia di consumo «elitario» per estendersi negli anni all'intera agricoltura. A farsi promotore in vari modi di questa rivoluzione è lo stesso consumatore, ad esempio chiedendo che vengano riconosciuti i sacrifici che la produzione biologica comporta, poiché per garantire la qualità necessita di procedure molto più onerose, oltre che rischiose, rispetto a quelle che prevedono l'impiego di ritrovati chimici.

Al di là dei massimi sistemi, resta fondamentale mettere in atto un cambio di passo, a cominciare da tutta una miriade di piccole azioni. Limitare l'impiego di contenitori usa e getta, preferire i prodotti biodegradabili, ridurre i consumi. Non possiamo pensare di far pagare il conto di questo cambiamento solo alle imprese. Perché se è vero che hanno tratto vantaggio dagli acquisti dei consumatori, è altrettanto vero che questi oggi devono impegnarsi in un percorso condiviso insieme all'industria.

Non condivido il punto di vista di chi ritiene che l'attività umana produca sempre e comunque una devastazione dell'ambiente e penso che siano proprio i giovani a dimostrare che non è così. Non solo l'impegno che mettono in campo è un grande tesoro per la nostra società, ma il primato che i nostri ragazzi riconoscono alla sostenibilità, mettendola in cima alla scala dei valori, è un punto di partenza formidabile. In questo abbiamo solo da imparare: sono loro i docenti, perché, diversamente da noi adulti che la riteniamo ancora un «valore aggiunto», concepiscono la sostenibilità come un prerequisito.

7.
Un modello sostenibile

«Finisci quello che hai nel piatto. Non sai quanto sei fortunato, tanti bambini nel mondo muoiono di fame!» Quante volte, da piccolo, ho sentito ripetere questa frase, non solo a casa mia. Nonostante sembrasse un richiamo generico, sono convinto che mia madre alludesse anche all'esperienza della fame che aveva vissuto personalmente e che di certo è comune a molte delle generazioni che si sono succedute nella mia famiglia.

C'è un'enorme differenza, infatti, tra i ricordi di noi ragazzi nati alla fine degli anni sessanta, e quelli dei nostri genitori venuti al mondo durante un lungo conflitto mondiale e vissuti nel dopoguerra, in cui certamente non si nuotava nell'oro e non era nemmeno scontato trovare del cibo in tavola. Anche per coloro che avevano la possibilità, per status sociale e condizioni economiche, di imbandire degnamente la mensa, non erano certo tutte rose e fiori. È comprensibile quindi che lo spettro delle privazioni vissute spingesse a non dare nulla per scontato, e questo ha influito anche sulla nostra educazione di ragazzi, sebbene raggiunti solo indirettamente dall'eco di quelle esperienze.

La famiglia di mia madre, ad esempio, come ho già avuto modo di raccontare, si è trovata nella tragica condizione di molte altre famiglie numerose, con ben undici bocche da sfamare. Quei numeri da squadra di calcio, infatti, non erano una rarità nelle nostre campagne, anzi rappresentavano quasi la regola.

Né io né mia sorella, quindi, così come i nostri coetanei, abbiamo mai considerato una stranezza quel costante richiamo ad avere cura e rispetto del cibo che ci veniva impartito con l'educazione in casa. Un principio che, se rispecchiava la consapevolezza della povertà vissuta, era anche espressione dell'altissima considerazione di cui godeva il frutto del lavoro o, come dice ancora oggi mio padre, del sudore della fronte.

Un sentimento che dal cibo si sarebbe poi esteso anche al denaro, quando in famiglia hanno iniziato a circolare con maggiore frequenza banconote e monete. «I soldi non si gettano mai per terra» è un'altra massima che invitava noi ragazzi a fare attenzione, perché anche la monetina apparentemente insignificante andava trattata come la banconota più importante.

Oltre al rispetto dei proventi della fatica quotidiana, questa raccomandazione voleva essere un invito al risparmio e a comprenderne il valore, come caposaldo della cultura civica del tempo. Non a caso, in famiglia e a scuola ci veniva insegnato a usare il salvadanaio. Non so se oggi sia ancora un'abitudine per i bambini, ma riempire pian piano quei contenitori con monetine di poco valore, sentirli diventare sempre più pesanti e infine vederli restituire una somma che ci avrebbe consentito un acquisto altrimenti impossibile era una prima lezione per noi ragazzini. Imparavamo che una piccola rinuncia nel presente poteva trasformarsi in una possibilità più importante per il futuro, ovvero quella forma di lungimiranza che si traduce poi in una gratificazione ancora più grande.

Tuttavia il primato spettava sempre al cibo, efficacemente «riassunto» in quello essenziale, il pane, proverbiale frutto del lavoro quotidiano e garanzia di nutrimento per l'intera famiglia, e per questo avvolto da un'aura di sacralità. Si potrebbero fare infinite considerazioni su ciò che il pane rappresenta come simbolo della fede cristiana, così radicata nella nostra gente, o sull'immaginario di un popolo di lavoratori e costruttori che in esso vedono la base di quella prima forma di «ricchezza» che consiste nella possibilità di nutrire la propria famiglia. Ma più che considerazioni astratte e dispute filosofiche, credo che a determinare questo modo di pensare, e quindi la nostra educazione, fosse la pratica quotidiana, la realtà materiale dell'economia spicciola che vigeva nelle nostre famiglie. Non era ammesso sprecare nulla: questo vedevamo fare intorno a noi, nella vita che si conduceva ogni giorno e che solo dopo avremmo imparato a elaborare, considerandola una *forma mentis*, un'impostazione culturale.

Il mondo stava cambiando e per migliaia di famiglie gli acquisti che hanno sancito l'arrivo del benessere sull'onda del boom economico sono stati il frigorifero, il televisore e la lavatrice. Oggi siamo abituati a veder troneggiare il frigo in cucina, in varie fogge e dimensioni, un vero totem al centro della vita familiare. Per non dire delle prestazioni che sono andate sempre più migliorando, moltiplicando possibilità e tempi di conservazione. Così oggi la refrigerazione può avvenire secondo varie temperature, programmi definiti o personalizzati, i vari piani corrispondono ad altrettanti livelli con temperature differenti, quasi delle «stanze del cibo», dove tutto trova la sua collocazione e le provviste possono essere accumulate in abbondanza.

Tutt'altro rispetto al primo frigo che è entrato nella casa in cui abitavo con i miei genitori. Era quasi «a misura di bambino», alto su per giù quanto la lavatrice, e aprendolo ci si trovava davanti a uno spazio unico, non diviso in mille scompartimenti, in cui a farla da padroni erano soprattutto i liquidi, come la bottiglia del latte o, d'estate, quelle dell'acqua e del vino. A ben vedere, quel primo frigo non era che un contenitore bianco in materiale smaltato con all'interno non più di due griglie come ripiani su cui riporre gli alimenti.

Nella parte superiore si trovava poi la celletta per surgelare, una scatola delle dimensioni di un beauty case, chiusa da uno sportelletto in plastica. Di solito era vuota, ma era dotata di una lama di alluminio in cui si inseriva una piastra a quadri riempiendo la quale si ricavava il ghiaccio a cubetti.

Avere il ghiaccio in casa, e per di più in un formato che si prestava al consumo immediato, è stata una rivoluzione per le nostre famiglie. Gli anziani raccontavano ancora di averlo visto solo nei blocchi di grandi dimensioni, che in precedenza era possibile acquistare esclusivamente presso apposite rivendite da chi commerciava in determinati prodotti come il pesce.

Con l'avvento del frigo, invece, nei mesi più caldi, aggiungendo al ghiaccio qualche goccia di sciroppo si poteva ottenere una sorta di ghiacciolo, che suscitava l'entusiasmo di noi ragazzini.

Per il resto, su quei due piani di griglia rivestita di gomma bianca si conservava poco cibo che sarebbe stato consumato a breve. Il frigo, quindi, era molto lontano dal diventare quello che oggi potremmo definire «il deposito del cibo dimenticato». Espressione quanto mai calzante se si pensa che, effettivamente, al suo interno si consumano delle tragedie contemporanee: lo spreco delle più svariate tipologie di alimenti che vengono dimenticati ben oltre la data di scadenza. Dati ufficiali ci dicono che nel nostro paese lo spreco alimentare ammonta ogni anno a 67 chilogrammi di cibo per abitante, per un totale di 4 milioni di tonnellate. Colazioni, pranzi, cene che potrebbero assicurare il sostentamento a chi non è in condizioni di garantirsi qualcosa da mangiare.

Una cifra che fa rabbrividire chiunque abbia vissuto negli anni in cui il piatto, a fine pasto, doveva «tornare pulito», lindo come se nulla fosse passato su quella superficie. Le sere in cui, da bambino, inappetente o stanco dopo una giornata di gioco, capitava che non riuscissi a finire la mia porzione, sapevo già che quello che non avevo mangiato me lo sarei ritrovato in tavola il giorno successivo, probabilmente sullo stesso piatto. Non c'erano grandi sistemi per farlo rinvenire: non esisteva il microonde e mia madre lo scaldava sui fornelli nei classici pentolini smaltati, sul cui fondo spesso il cibo si attaccava.

Quella crosticina deliziosa e croccante era un incentivo per noi bambini, ma in effetti non saprei dire quanto fosse salutare. Una cosa era certa: al secondo round la pietanza veniva regolarmente consumata.

Quanto a frutta e verdura, abitando in campagna non ci mancava affatto, al contrario, in certi momenti dell'anno era talmente abbondante da sembrare in eccesso. Nonostante questo, i miei genitori avevano il massimo riguardo persino per il frutto più maturo o già intaccato, anche a costo di mangiarne soltanto una piccolissima parte rimasta intatta.

Non erano certo i tempi della fame nera di una volta, ma l'eredità del rispetto assoluto per il cibo era ben salda, così come la consapevolezza che poter mangiare ogni giorno era un privilegio.

Forse anche per questo i miei ritenevano ci fossero alimenti che «non potevamo assolutamente permetterci». Non credo si trattasse di ragioni economiche, che pure influivano, dato il prezzo proibitivo di alcuni alimenti di importazione rispetto ai prodotti locali, ma penso fosse determinante una sorta di pudore: chi aveva patito la fame provava una specie di vergogna nel consumare del cibo che qualche anno prima non osava nemmeno immaginare.

La frutta esotica, a casa mia, era veramente tale. Nessuno la comprava, se non altro perché era ritenuta una spesa inutile, un vezzo al di fuori della nostra cultura e, ancor di più, estranea a quanto veniva tradizionalmente prodotto nella nostra terra. All'epoca, oltretutto, non c'era la varietà di oggi, con tanta frutta proveniente dai mercati esteri, e quindi anche una semplice banana rappresentava una sorta di lusso.

Consumavamo vegetali e frutta delle nostre campagne. Quando penso all'espressione «chilometro zero» su cui ho tanto insistito da ministro delle Politiche agricole, mi viene da sorridere, perché negli anni della mia infanzia consumavamo addirittura a «metro zero». La tracciabilità che oggi è giustamente assurta a garanzia di qualità per noi si riassumeva nei cognomi delle famiglie del circondario dal cui frutteto provenivano le cassette o le ceste che alimentavano le nostre scorte. Vigeva un imperativo categorico: tutto quello che era commestibile andava raccolto e non si doveva buttare niente. Di conseguenza era consuetudine che tra vicini ci si scambiasse i prodotti tipici delle varie stagioni. Se non si riusciva a consumare il contenuto di una cassetta durante i pasti o tra i vari spuntini, le soluzioni erano fondamentalmente due: tagliarlo a cubetti per ricavarne abbondanti macedonie, che non mancavano mai nei mesi estivi, o, come extrema ratio, ci si assicurava una scorta di marmellata fatta in casa per le prime colazioni e le merende.

Abitudini diffuse, che si ritrovavano in ogni famiglia e che animavano nei vari momenti dell'anno non poche occasioni di condivisione. Il profumo delle marmellate e delle composte sul fuoco si diffondeva per le case lasciando a noi ragazzi il compito di indovinare quale fosse il frutto che si stava caramellando in quel momento. La condivisione non si esauriva certo in quelle fragranze deliziose: se anche le marmellate o le conserve erano in eccesso, molti dei barattoli finivano in dono nella dispensa delle altre famiglie. Un pensiero che veniva ricambiato, assicurando una certa varietà di gusti e di preparazioni.

Sono questa mutualità e questo genere di scambi ad aver formato la mia generazione, che però è stata anche la prima a trovarsi di fronte l'alternativa tra un frutto e la merendina confezionata. Si andava a scuola portando con sé per la ricreazione una mela o un panino con il salame, ma pian piano abbiamo visto comparire e diffondersi le merendine e i cracker industriali, prodotti del nascente consumo su vasta scala e delle pubblicità. In televisione e sui giornali la promozione era affidata a personaggi e alle loro storie, appositamente creati per catturare la nostra attenzione; né mancavano le raccolte punti con cui si potevano ottenere premi legati alle avventure di quegli eroi, come una tenda indiana.

Alcuni miei coetanei a ricreazione tiravano fuori dalla cartella la merendina, che mia madre chiamava la «porcheria», ed era certamente più pratico che addentare una mela o una pesca con il rischio di «sbrodolarsi» sul grembiule. Onestamente, in qualche occasione, li ho invidiati. Non solo per le golose farciture e la glassa al cioccolato che spesso ricopriva quegli snack. Per me il loro era un vivere «all'americana», secondo quel modello che conoscevamo bene – o meglio, che credevamo di conoscere – perché arrivava nelle nostre case tramite i telefilm. Giovanissimo, non mi rendevo conto che quelle prime novità segnavano un cambiamento storico nei consumi alimentari, dettati da un lato da una comunicazione martellante a cui eravamo esposti, e dall'altro da un mondo in cui le distanze tra culture differenti erano sempre più ridotte.

È stato allora che la nostra identità alimentare ha cominciato a mescolarsi con altre abitudini, più tipiche di culture straniere. E questo ha influito innanzitutto su alcune consuetudini che fino ad allora sembravano invalicabili e scandivano la settimana a seconda del cibo da consumare. Così, ad esempio, il sabato era di rigore il bollito, la domenica gli gnocchi con il secondo, che era quasi sempre, invariabilmente, pollo arrosto con patate.

Altre giornate avevano il proprio piatto di rito: il venerdì di magro col pesce. L'osservanza al precetto religioso era radicatissima, e veniva rispettato nonostante le esigenze lavorative e anche un po' in contrasto con certi atteggiamenti consolidati, come l'abitudine a imprecare.

Oggi il pesce è sinonimo di occasione importante e cucina pregiata. Quello che ricordo io era sempre qualche specie di largo consumo e prezzo accessibile, come la trota degli allevamenti vicino a casa, il nasello bollito, o il baccalà; quello stesso stoccafisso il cui odore impregnava le botteghe di alimentari e che allora era davvero una pietanza povera, alla portata di tutte le tasche. A un certo punto, negli anni ottanta, comparvero sulle tavole dei filetti al trancio chiamati «vitello di mare», le cui fette sembravano vere e proprie bistecche.

La mia generazione ha anche assistito alla diffusione di massa dello scatolame, sull'onda della moda americana della carne confezionata in lattine. Fino ad allora quel sistema di conservazione e consumo aveva riguardato principalmente le conserve di pomodoro per il sugo della pasta. Di scatolette parlavano anche gli uomini adulti ricordando i giorni della naja, quando raccontavano delle razioni da campo o delle marce, durante le quali non era possibile allestire una mensa. Al di fuori di queste memorie militari, quella forma di conservazione del cibo non era consueta.

La «praticità» entrava così nelle nostre vite come un principio che non apparteneva alla nostra cultura e che sarebbe diventato dominante, suscitando la perplessità degli anziani, per i quali i pasti dovevano conservare quella ritualità che significava incontro, confronto, momento di dialogo tra i componenti della famiglia, assorbiti durante il giorno dal duro lavoro nelle campagne.

Nell'era del fast food e del take away sembra strano anche solo pensare a un'«identità alimentare». I ritmi di vita sempre più accelerati hanno sottratto via via spazio e tempo alla preparazione dei pasti, tanto che oggi si può vivere anche in un'abitazione senza cucina. Oggi la cucina, come impegno nella realizzazione del cibo, oscilla tra due estremi: ridotta all'essenziale, con alimenti precotti e scorciatoie varie per il consumo casalingo, o assurta al rango di arte sopraffina, ricercata e per certi versi elitaria, che si propone nei locali e fa registrare ascolti stellari in televisione. Non a caso proliferano i corsi di cucina, i programmi su vari canali e social, gli eventi frequentatissimi in appositi saloni, i siti dedicati e i tutorial su internet. In particolare oggi assistiamo a una sorta di curioso contrappasso: dopo aver accolto per decenni ogni influsso estero come una «liberazione», adesso va di moda la riscoperta di sapori antichi, ricette tradizionali, materie prime che rischiavano di scomparire e che sono state recuperate e rimesse in produzione, dando vita a non poche attività agricole ad hoc. Una tendenza che somiglia molto a quella che ha visto protagonisti i mobili delle vecchie case dei contadini che, venduti per pochi spiccioli o destinati al macero, sono stati ripescati dai rigattieri e hanno alimentato un fiorente mercato di «pezzi d'epoca».

È quella che, con una specie di ossimoro, potremmo chiamare la grande attualità della tradizione, in cui la riscoperta di una cucina identitaria convive con mezzi e tempi di cottura adeguati allo stile di vita contemporaneo. Una sera si riscopre un vecchio piatto, un'altra si ordina il take away; un giorno – preferibilmente nel fine settimana – ci si dedica alla marinatura di pregiati tagli di carne da far gustare agli amici a cena, secondo la ricetta appresa dallo chef di qualche programma popolare, un altro ci si arrangia sperimentando nuove tendenze e strumenti, sperando di arrecare meno danni al girovita e alle coronarie. Un mix che si ritrova in tantissimi ambiti.

Da ministro delle Politiche agricole mi ero posto il problema di come conciliare modernità e identità alimentare, azzardando un esperimento proprio riguardo ai fast food. Da una mia idea, grazie a un accordo con Mc Donald's, che ha condiviso il progetto, nacque McItaly, il panino che avevo ribattezzato così perché realizzato esclusivamente con prodotti tipici dell'agricoltura italiana. Una piccola rivoluzione in cui la «tipicità» entrava nel mondo del cibo standardizzato. Divenne un caso di scuola, che ispirò anche un libro, ma era semplicemente un modo per andare oltre gli slogan di chi si limita a stigmatizzare il fast food come nemico dell'agricoltura e dell'identità produttiva, per sfruttare la pervasività con cui in questi anni i fast food hanno raggiunto i nostri territori, allo scopo di far conoscere anche ai giovani che spesso li frequentano i sapori e i prodotti delle nostre agricolture locali, che magari non avrebbero incontrato altrimenti.

Un tentativo di comunicare che l'imposizione di steccati troppo rigidi a volte può rivelarsi controproducente, mentre combinare diverse esigenze può tornare utile per promuovere la conoscenza del nostro territorio e dei suoi prodotti. Non tanto perché questa riscoperta debba avere il sapore di un amarcord, del «si stava meglio quando si stava peggio», ma perché può rivelarsi un buon punto di partenza per riaffermare certi valori, compresa la necessità di evitare qualunque forma di spreco.

Se da un lato, infatti, si parla con passione di etica dei comportamenti, di coscienza ecologica e sociale, dall'altro la questione dello spreco rimane in cima alla lista dei problemi irrisolti.

Non sono così ingenuo da credere che la soluzione possa consistere nel riproporre le abitudini che hanno accompagnato la mia infanzia. Ma proprio perché la maggior parte delle persone è ancora restia a confrontarsi con questa drammatica realtà, urge una soluzione che parta dai comportamenti quotidiani.

Quando si partecipava ai matrimoni di famiglia – e succedeva spesso perché ho molti cugini – non di rado capitava di assistere a qualche episodio che all'epoca trovavamo imbarazzante. Alcuni commensali portavano un sacchetto da casa, magari tenuto nelle borsette delle signore, che veniva riempito sistematicamente con il cibo non consumato. Sarebbe stato sicuramente un buon pasto per il giorno dopo. Anche davanti all'opulenza di un pranzo di nozze con un menu ricco e ricercato, infatti, restava l'imperativo di non sprecare. Oggi si parla senza più imbarazzi di «doggy bag», un termine con cui questa pratica è stata definitivamente «sdoganata» ed è all'ordine del giorno negli Stati Uniti, obbligatoria in Francia nei ristoranti che superano un certo numero di coperti, molto diffusa in Spagna. Perché non intraprendere anche nel nostro paese un percorso che si ponga l'obiettivo di arrivare a renderla obbligatoria? Da noi, infatti, è ancora accompagnata da una sorta di ritrosia, essendo considerata forse volgare. Fin quando la richiesta dovrà provenire dall'avventore, questo imbarazzo sarà per molti un motivo per evitarla, portando inevitabilmente allo spreco. Anche alla luce delle norme di sicurezza e igiene, infatti, oggi il ristoratore non può recuperare nulla dai tavoli, nemmeno il cestino del pane. Tutto quello che si trova sul tavolo del cliente diventa di proprietà di chi vi ha mangiato. Dunque sarebbe opportuno includere nell'ordinazione la doggy bag, ossia far diventare automatico l'asporto di quanto non è stato consumato, ottenendo un doppio risultato: contrastare lo spreco e contemporaneamente ammortizzare il costo della serata, assicurando un apporto ai pasti del giorno successivo a casa.

Come si vede, si tratta di piccoli «correttivi», cambiamenti introdotti per gradi per attivare una trasformazione sociale partendo da scelte che possono sembrare banali. E, del resto, è così che si sono raggiunti i maggiori risultati anche in altri ambiti. Pur consapevoli delle dovute differenze, pensiamo ad esempio a un illustre precedente come quello del fumo. Sembrava che il problema fosse insormontabile, che l'unico risultato prevedibile fosse spingere i tabagisti a fumare dove possibile o, peggio, di nascosto. E invece, dopo l'approvazione della legge che ha introdotto il divieto di fumare in tutti i luoghi pubblici, si è assistito a un'importante rivoluzione culturale che ha ridotto drasticamente il numero dei fumatori.

E ancora, perché non pensare di promuovere un'azione culturale che favorisca il consumo della frutta delle nostre terre? Non significa dichiarare guerra alla frutta esotica, ma far capire che la ricerca di prodotti più vicini a noi accorcia le distanze del trasporto aereo o su gomma. Abbiamo mai davvero considerato quali conseguenze produce lo spostamento di merci da un continente all'altro in termini di emissioni di CO_2?

Quando nel 2008, da ministro, ho promosso lo «sciopero dell'ananas» sono stato attaccato da vari esponenti politici, ma ho anche ricevuto tante manifestazioni di consenso da parte di numerosi cittadini. Nessun accanimento da parte mia nei confronti del frutto tropicale, ci mancherebbe; era una provocazione per sensibilizzare a una presa di coscienza in materia di sostenibilità e identità alimentare, non un diktat dal sapore nazionalista o autarchico.

Scegliere prodotti a chilometro zero come nei modelli proposti da Coldiretti nella filosofia del Farmer Market, oltre a favorire un presidio di qualità sul territorio, genera un altro grande vantaggio, perché asseconda il consumo legato alla stagionalità, fornendo quindi prodotti più gustosi, migliori e con un minore impatto sull'ambiente. Non ultima, c'è un'altra motivazione che riguarda l'impiego di fitofarmaci e insetticidi. In varie zone dell'Asia, dell'Africa e del Sudamerica vengono usati prodotti chimici che da noi sono fuori legge da decenni perché dannosi.

Le nostre normative in materia, infatti, sono molto più stringenti. Senza demonizzare le produzioni di altri paesi, va riconosciuto però che in un mercato globale devono essere applicate regole comuni. Non è pensabile che in un paese in cui sono vietati determinati presidi in agricoltura possano trovarsi sul mercato alimenti che provengono da altri contesti in cui questi si utilizzano.

È a scuola, con i nostri ragazzi, che si gioca la partita per un futuro consumo responsabile di frutta e verdura di casa nostra. Così come viene spiegato che ogni singola bottiglietta di plastica abbandonata produce un danno all'ambiente, allo stesso modo bisogna educare sull'impatto di alcune scelte.

Strizzando l'occhio al bambino che sono stato, quando mi trovavo al ministero di via XX Settembre ho portato avanti una campagna per la presenza della frutta nelle scuole, tentando di offrire, in alternativa alle merendine, frutta prodotta dalle nostre aziende agricole, uno spuntino salutare e sostenibile perché a chilometro zero. Un'offerta che può essere declinata in tanti modi possibili, anche sotto forma di macedonia o di purea.

Il successo che ho riscontrato, ancora una volta, ha confermato che quello che noi adulti inseguiamo per il futuro, per i giovani è già il presente.

8.
Una autonomia responsabile

Il caso, il destino. Non ho mai attribuito eccessiva importanza a questi concetti, ma devo ammettere che a volte, guardandoci indietro, è possibile riconoscere che non avremmo mai imboccato certe strade se una fatalità non avesse innescato in noi un nuovo desiderio di conoscenza, dando vita a passioni che segnano l'arco di un'intera vita. Vere e proprie folgorazioni, che finiscono per assorbire le nostre energie, perché richiedono studio e quindi comportano una progressiva maturazione, ma che nascono quasi casualmente. Da incontri occasionali con una materia può scaturire quello che diverrà il leitmotiv di un'esistenza, come da un incontro fortuito con una persona può nascere un amore destinato a durare per sempre.

Fu per un caso che, assieme ad alcuni amici con cui all'epoca frequentavo le medie, accettai di assistere a una serata dedicata alle mura veneziane delle nostre città. Un incontro serale come tanti, condotti da qualche esperto o cultore della materia che ha svolto una ricerca sull'argomento e vuole condividerla con la comunità.

Quella sera la sede non era un istituto scolastico o la sala comunale, ma Villa Donà dalle Rose, a Mareno di Piave, a qualche chilometro da Bibano. È nota principalmente per la bellezza della struttura architettonica e la collocazione nel paesaggio rurale che ne fanno un modello di quella civiltà che ha voluto replicare l'eleganza dei palazzi veneziani anche nelle residenze patrizie in terraferma, coniugando le esigenze di rappresentanza a quelle della sede produttiva delle tenute agricole. Ma la villa deve la sua fama anche a un'altra particolarità. Collocata nella cappella di famiglia, vi si trova infatti quella che è l'unica tomba di un doge fuori Venezia, la sepoltura di Francesco Donà dalle Rose, che guidò la Serenissima dal 1545 al 1553.

Quella cornice avrebbe fatto da sfondo alla «scoperta» che a tempo debito mi avrebbe portato a fare dell'autonomia il crocevia dei miei pensieri, e le cui prime avvisaglie riconduco proprio alle considerazioni che feci in seguito a quella conferenza. Fu in quell'occasione, infatti, che mi trovai a comprendere come mai prima mi era successo la mia identità di veneto. Seguendo il discorso del relatore mi resi conto di un mondo in cui vivevo da sempre, ma che non conoscevo affatto.

Trovavano finalmente un significato tutti i Leoni di San Marco in cui mi ero imbattuto, disseminati sul nostro territorio; assieme alla rilevanza storica e artistica, ne intravedevo per la prima volta anche il valore identitario, che andava ben oltre i confini del paese, ma anche oltre quelli regionali e nazionali delineati sulla carta geografica appesa alle pareti dell'aula scolastica.

Se fino a quel momento avevo associato il Leone Marciano a Venezia, intesa come città e capoluogo di regione, secondo le nozioni allora in vigore, da quella sera cominciai a guardare il Leone di San Marco non tanto come espressione di un'entità territoriale ma, prima ancora, di un popolo. Allora non potevo certo sapere che sarei diventato il presidente della Regione, né tantomeno che sotto la mia guida i veneti sarebbero arrivati a esprimersi in maniera massiccia attraverso un referendum su quella che non mi stancherò mai di chiamare «la madre di tutte le battaglie».

Questa passione mi accomuna infatti a centinaia di migliaia di cittadini, per i quali parlare di autonomia significa affrontare un argomento che sentono come una caratteristica del loro dna. È vero, possono lasciare interdetti certi modi di comunicare questa esigenza, con espressioni a volte sopra le righe come «*Paroni a casa nostra*», o simili. Ma, soprattutto dopo il cammino di questi anni e l'impegno per definire e chiarire a quale modello aspiriamo con l'autonomia, ritengo che ormai solo chi ha uno sguardo viziato dai pregiudizi possa pensare che dietro queste aspirazioni ci sia il desiderio di escludere chiunque altro, mentre si tratta semplicemente di quello, più che legittimo, di essere protagonisti delle scelte e del destino comune di un popolo.

Ho detto più volte che ritengo l'autonomia non una generica soluzione, ma l'unica veramente innovativa, per contrastare i tanti mali che affliggono la nostra comunità. Le esperienze storiche di federalismo ci insegnano che, rendendo più agevoli i rapporti tra istituzioni e cittadini – abbattendo le distanze tipiche del modello di Stato centralista –, si possono raggiungere risultati eccellenti. L'assunzione di responsabilità dirette da parte delle comunità, infatti, ha dato vita a pratiche e modelli di buon governo che non potranno che giovare ai cittadini.

Non solo. L'autonomia differenziata è il mezzo per gestire in modo più efficace anche le funzioni che oggi sono dello Stato. Quest'ultimo, infatti, potrà contare su maggiori risorse garantite dal miglioramento dell'efficienza della funzione pubblica. Ciò in ragione del fatto che una crescita più sostenuta genera un maggiore PIL regionale e, quindi, un maggiore gettito dei tributi statali. A beneficiare di tali risorse saranno quindi tutte le regioni. Già soltanto questo dovrebbe bastare a far tacere tutte quelle voci che si ostinano a considerare l'autonomia differenziata una specie di «secessione dei ricchi», con l'unico risultato di rallentare, ma non impedire, il cammino verso il raggiungimento di un traguardo storico. Chi si attesta su posizioni del genere, infatti, dimostra di preferire a un futuro che si prospetta dinamico, e che quindi necessita di flessibilità, un atavico immobilismo che rischia di affossare per sempre il paese.

Prima ancora che una soluzione ai problemi di oggi, però, l'aspirazione all'autonomia è un sentimento che tra i veneti ha radici antiche e profonde. Non nasce, infatti, solo con il fermento politico che si traduce nelle prime rivendicazioni degli anni settanta e ottanta, e neppure è semplicemente un modo per «spingere» certi obiettivi politici recenti. Il senso morale e storico dell'autonomia invocata dai veneti trae fondamento dall'esperienza della Repubblica veneta, un'entità statale unica tra quelle preunitarie quanto a modello di realtà transnazionale, contesto geografico, e soprattutto organizzazione amministrativa. Ha governato per oltre un millennio su un territorio che al momento della sua massima espansione comprendeva una vasta area geografica concentrata attorno all'Adriatico, e che oggi fa parte di una decina di Stati differenti.

Uno dei padri della lingua italiana, l'aretino Francesco Petrarca, che ha trascorso gli ultimi anni in terra veneta e riposa ad Arquà, sui Colli Euganei, nel XIV secolo definiva Venezia «unico albergo ai dì nostri di libertà, di giustizia, di pace». Parole che sottolineavano non soltanto il cosmopolitismo e l'accoglienza che avrebbero caratterizzato la Serenissima fino alla fine dei suoi giorni come Stato indipendente, ma anche la sua cultura del diritto, che poggiava sul massimo rispetto del cittadino e delle leggi: «Potente di forze ma più di virtù, sopra solidi marmi fondata, ma sopra più solide basi di civile concordia ferma ed immobile».

Caratteristiche che sarebbero rimaste peculiari della Repubblica fino al 1797, quando si dissolse sotto la spinta dell'incalzare napoleonico. Più conosco la mia gente, più mi convinco che questo spirito abbia connotato fortemente la società della mia terra e non solo. È all'origine di una predisposizione dei veneti, della loro consapevolezza che per l'uomo è naturale gestire la sua vita, di singolo e di comunità, secondo le proprie inclinazioni, intenzioni, aspirazioni, secondo i sentimenti che condivide con i suoi conterranei.

L'eredità di quell'esperienza, diffusa dalla capillare rete di commerci nel Mediterraneo e negli altri mari europei – non a caso ancora oggi si parla dell'Adriatico come del golfo di Venezia –, ha costituito certamente il riferimento storico di un'imprenditoria solida e in continua espansione e di quella capacità di imporsi sui mercati internazionali che ancora oggi caratterizza il tessuto produttivo della nostra regione. Un tessuto fatto di donne e uomini che trattano alla pari con tutto il mondo, come i loro antenati ai tempi della Serenissima, quando la Repubblica intesseva rapporti commerciali paritari anche con l'America.

Ma il retaggio di uno Stato inclusivo, all'epoca sinonimo di democrazia, di gestione impeccabile, di rispetto per le realtà locali, di legalità e corretta amministrazione della giustizia, è ciò che ha lasciato l'impronta più profonda nell'identità dei veneti.

Benedetto Croce sosteneva che nel nostro paese non c'è chi non possa definirsi cristiano, perché in questa religione affondano le nostre radici e da essa deriva la nostra cultura. Azzardo un parallelo: credo si possa dire che in Veneto nessuno può esimersi da una qualche forma di «venetismo», anche chi lo avversa e se ne sente estraneo. Chiunque in questa regione è figlio di una comunità storica ben definita e fondata su valori che sono rimasti nel bagaglio comune attraverso i secoli. Quella comunità che oggi si identifica nell'unica realtà di cittadine e cittadini che vivono tra le Alpi e l'Adriatico, tra il Garda e il Tagliamento.

La predisposizione veneta all'autonomia si declina in una

comunità che si riconosce in precisi simboli i quali poi si traducono in un atteggiamento civico che pretende il buon governo come esigenza imprescindibile e allo stesso tempo vigila affinché si realizzi. Alla base di questo vi è il sentimento dell'autonomia, vissuto innanzitutto come l'espressione a livello macro dell'autonomia di ogni singolo cittadino. Ognuno, pur sentendosi parte di una famiglia più ampia e con valori e obiettivi condivisi, avverte di dover fare affidamento innanzitutto su se stesso.

In un momento storico in cui uno Stato centrale elargisce il reddito di cittadinanza che, nonostante emergano ogni giorno casi discutibili di assegnazioni poco appropriate, continua a essere invocato da molti come panacea di tutti i mali, l'aspirazione all'autonomia rappresenta esattamente il contrario. È l'espressione più compiuta della volontà di contare sulle proprie forze, rivendicare le proprie responsabilità, aiutare i meno fortunati attraverso strumenti di solidarietà che ne favoriscano un riscatto autonomo e non attraverso un sistema che produca come risultato una spirale di dipendenza da sussidi.

Questa visione del proprio ruolo – a livello di società e di singolo – si è conservata anche a dispetto della pressione centralista in cui abbiamo vissuto e continuiamo a vivere. Ricordo, infatti, i ragionamenti tra gli adulti che ascoltavo da bambino e che non erano certo riconducibili a elaborazioni filosofiche o a concetti di scienza politica, ma ascrivibili a una tendenza popolare e fermamente radicata. A parlarne erano donne e uomini del popolo. Una trasversalità e una coralità che si sono mantenute nel tempo, e non per caso, ma perché fondate su un concetto chiaro, quello che non si era più «padroni a casa nostra». Quel sentimento era talmente diffuso da rasentare, alla metà degli anni settanta, una forma di «distacco anarchico» nei confronti dello Stato. Trovo però altrettanto significativo che quei discorsi non avessero i toni accesi della contestazione né di una qualche forma di ribellione. Erano piuttosto figli di un desiderio di abolire la distanza eccessiva tra il cittadino e le istituzioni, una reazione comprensibile alla divergenza tra la realtà locale e il modo di agire del governo nazionale, percepito in qualche misura come estraneo.

Si è scritto molto sull'aspirazione a esprimere la propria identità da parte dei veneti e sulle loro rivendicazioni, spesso dandone una lettura caricaturale e folcloristica. Ma non si può prescindere da un dato di fatto, che dà la misura della realtà di quegli anni e di tante situazioni che oggi sembrerebbero incredibili: per noi bambini di una società rurale che iniziava appena ad affacciarsi ai benefici del boom economico, parlare soltanto veneto era la normalità. Come ho già ricordato, solo cominciando ad andare a scuola imparavamo l'italiano, ascoltandolo dai maestri per la prima volta a sei anni, in prima elementare. Era quella la nostra realtà, pur avendo la consapevolezza di far parte di una comunità più grande che non si fermava certo alle porte del paese. Un divario che percepivamo, anche perché le possibilità di comunicazione non erano quelle di oggi e le distanze sembravano molto più difficili da colmare. Anche solo quelle tra una regione e l'altra, per non parlare di quelle tra Nord e Sud, ci apparivano distanze siderali, anche da un punto di vista culturale.

Per ciò che riguarda la mia famiglia, posso dire che mai, neanche nei momenti di difficoltà – che pure non sono mancati –, mi è capitato di sentire discorsi in cui si accennava alla necessità di chiedere aiuto. Al contrario, non ricordo giorno in cui non ci si impegnasse alla ricerca di una soluzione, di un nuovo modo per darsi da fare e rimboccarsi le maniche.

Credo che quella disposizione sia la stessa che in decenni di storia ha costituito la nostra risorsa fondamentale, anche quando, per necessità oggettive, si è tradotta nella scelta estrema di lasciare il luogo di nascita per spostarsi in America

Latina, negli Stati Uniti, in Belgio o in Australia. Non si trattava solo di assicurarsi un salario a fine mese o di affrancarsi dalla fame, ne sono convinto. La molla fondamentale era la prospettiva di poter progredire, per sé e per la propria famiglia. Un progresso che i veneti emigrati hanno saputo tradurre in realtà, creando le basi del benessere sia nel paese che avevano lasciato con le lacrime agli occhi sia in quelli che li hanno accolti.

La profonda coscienza di un'identità radicata si riproponeva al momento dell'ingresso a scuola, dove non si imparava solo la lingua italiana, ma ci si misurava in un confronto più grande. Leggere, scrivere e far di conto, certamente. Ma anche l'incontro con una realtà che, nella migliore delle ipotesi, era indifferente alla nostra identità. Intendo essere chiaro su questo punto, perché le parole hanno un peso: nessuno può parlare di persecuzioni o gravi vessazioni, ma certo non si esagera quando si descrive una scuola che, contrariamente a quanto avviene oggi, non teneva in alcun conto l'identità degli alunni. Educare i bambini che non si esprimevano nella lingua nazionale era concepito nei piani didattici come il recupero di illetterati. Nell'istruirci sull'appartenenza a un'identità che non potevamo capire si compiva una forzatura, per certi versi simile, e altrettanto inutile, a quella con cui si cercava di far scrivere i bambini mancini con la mano destra.

Gli stessi insegnanti elementari più moderni – come la maestra che ho avuto la fortuna di avere – dovevano comunque misurarsi con un'impostazione scolastica fortemente centralista. Un'impronta per certi aspetti comprensibile, perché la scuola primaria nel 1974 accoglieva bambini che provenivano dalle famiglie o da asili che, per programmi e attività, altro non erano che prolungamenti delle comunità in cui vivevano. Non credo ci sia qualcuno che abbia il coraggio di sostenere che all'epoca, alla scuola materna delle suore o nelle parrocchie delle nostre campagne, si parlasse italiano.

La scuola, per noi bambini di quegli anni, è stata soprattutto la scoperta di un universo differente da quello abituale che, per la nostra giovanissima età, ignoravamo. Un sistema scolastico che tra i suoi obiettivi aveva quello di fornirci un'identità nazionale che non possedevamo o, più correttamente, ignoravamo in cosa consistesse. Nei sussidiari o nei libri di testo la mia generazione non ha trovato nulla, o quasi, degli oltre mille anni di storia della Repubblica veneta; erano liquidati in pochissime righe. Gli scolari e gli studenti veneti hanno dovuto attendere l'introduzione dell'autonomia scolastica per ritrovare notizie specifiche su quella che era la loro storia.

Sottovalutare l'importanza dell'identità locale ha contribuito ad alimentare ulteriormente il sentimento autonomista. È da lì che nascono, infatti, il contrasto e il confronto su temi divenuti importantissimi negli anni settanta, in cui il grande pubblico, l'anima popolare, viene intercettato dai primi movimenti politici con ideali autonomisti.

Fino a quel momento il tema «venetista», in particolar modo legato a una sorta di culto per la memoria della Repubblica veneta, era un argomento per addetti ai lavori, che appassionava intellettuali amanti della storia o al massimo esaltava figure visionarie, che colpivano più per l'aspetto di costume.

Ribadisco che io stesso ho cominciato a formarmi una mia idea sul tema identitario grazie a quella serata sulle mura veneziane, riconoscendovi il seme di un pensiero. Se in quella circostanza non avessi iniziato a capire cosa rappresentava la Serenissima per tutti i territori veneti, cosa significavano quei Leoni che fino a quel momento avevo guardato distrattamente, come elemento del paesaggio, chissà se e quando avrei cominciato a costruirmi una coscienza in merito.

A cavallo tra gli anni settanta e ottanta, agli albori di quel «venetismo», la caratteristica su cui certi leader hanno puntato come componente fondamentale dei loro programmi è stata la rivalità generale tra Nord e Sud. Eppure non c'era odio nei confronti dei cittadini meridionali, come invece tanta satira e tanta politica si affannavano a sottolineare. Tutt'altro: penso che la nostra storia dimostri quanto il Veneto sia stato la regione del Nord più capace di accogliere i lavoratori del Meridione, che qui hanno trovato una prospettiva futura e allo stesso tempo hanno contribuito a far crescere la nostra economia.

Rifiuto in maniera netta il pregiudizio che troppo spesso accompagna la narrazione del carattere dei veneti, descritti come una comunità chiusa, felice di esserlo e desiderosa di restare tale. Anche volendo ignorare le radici di un cosmopolitismo secolare ereditato da Venezia, si tratta di un'accusa che ogni giorno viene smentita dalla realtà dei fatti: nessuno che voglia costruirsi un futuro in questa terra rispettandone le regole è mai stato escluso o ha trovato un clima ostile.

È altresì vero che, un po' per gli scarsi livelli di scolarizzazione, un po' per maggiori e differenti opportunità di lavoro che l'espansione del tessuto produttivo offriva, i veneti non hanno mai avuto un grande interesse a essere assunti nelle istituzioni pubbliche. Di conseguenza sono stati favoriti coloro che, dal dopoguerra agli anni settanta, accettavano di emigrare dal Sud verso il Nord, per trovare un impiego nella pubblica amministrazione, nella scuola, nella magistratura, nelle forze armate e via dicendo. La competizione in questo campo si è accentuata successivamente, in anni in cui gli enti pubblici hanno cominciato a non brillare per efficienza, l'assegnazione dei posti pubblici era gestita dalla politica ed era pratica comune la raccomandazione, in un contesto generale in cui sui concorsi pubblici non vigeva il rigido sistema di controlli di oggi.

Al dibattito su questo tema, che si è inasprito nel corso degli anni, si è aggiunto un fattore decisivo che ha contribuito a infiammare gli animi: il soggiorno obbligato nei nostri paesi degli esponenti della mafia, della 'ndrangheta e della camorra. Si trattava di un provvedimento cautelare di giustizia, erede del confino di polizia e pensato soprattutto per contrastare la criminalità organizzata, che obbligava i malavitosi, a volte i peggiori criminali, a risiedere fuori dal loro ambiente.

Quei provvedimenti sono stati vissuti come un oltraggio, non solo come una violazione del principio di autodeterminazione, ma come una dichiarata minaccia al tessuto sociale.

Nel Veneto dei decenni scorsi, in cui si usciva di casa lasciando le chiavi infilate nella toppa, in cui il decollo dell'economia alimentava un benessere diffuso, in cui tutti aspiravano a lasciarsi alle spalle la povertà e iniziavano a uscire da un'economia di pura e semplice sussistenza per aspirare a qualcosa di più, in cui si voleva che tutto continuasse a funzionare in modo efficiente, questi provvedimenti giudiziari creavano le condizioni per l'innesto nella nostra società della peggiore e più famigerata delinquenza.

È stata la goccia che ha fatto traboccare il vaso, e il tempo si è incaricato di dimostrare che i veneti che allora protestavano avevano ragione. Il confino dei mafiosi ha fatto sì che attecchissero sul territorio cellule locali della criminalità organizzata, di cui si parla ancora oggi, con una delinquenza «di importazione» che si è unita a quella locale, dando origine a modelli come la Mala del Brenta, in grado di innescare una rivoluzione della malavita nel nostro territorio.

Codognè, il paese dei miei nonni, divenne, suo malgrado, un simbolo a livello nazionale della lotta contro questi provvedimenti. Erano i primi anni novanta quando vi fu confinata una delle prime donne diventate note per i legami con organizzazioni di stampo mafioso. I cittadini insorsero con manifestazioni permanenti e sit-in fino a ottenere l'allontanamento della donna.

Il confino dei criminali ha rappresentato un detonatore per far esplodere le rivendicazioni autonomiste, che uscivano dal perimetro elitario di studiosi e storici, di sognatori e appassionati di fantapolitica, del clima da tifoserie calcistiche, per diventare un movimento di popolo. Un movimento che rinfacciava allo Stato centrale di aver compiuto un grave errore: ritenere che l'unità nazionale dovesse passare solo attraverso l'azzeramento dell'identità locale. Un errore di cui ancora oggi stiamo pagando il prezzo.

Da allora queste istanze hanno cominciato a riunirsi prima sotto la bandiera della Liga Veneta, e poi via via, più in generale, di chi credeva nell'autonomia. Si tratta di un movimento che non parte da una lotta politica fine a se stessa, ma da una difesa dell'identità.

In quegli anni ci stavamo scrollando di dosso la miseria a cui sembravano condannate le nostre campagne e, accanto alle realtà rurali, si sviluppava un nuovo tessuto imprenditoriale che man mano si sarebbe dimostrato sempre più in grado di intercettare le sfide produttive e farsi interprete del cambiamento. Come ho già avuto modo di ricordare, il nostro modello è quello del distretto produttivo diffuso sul territorio. Circa l'80% delle imprese ha meno di quindici dipendenti. Il rapporto tra datore di lavoro e dipendente, quindi, è di conoscenza diretta, che si esprime anche in una profonda solidarietà e nel lavoro di squadra, che porta ad affrontare insieme le sfide e a condividere i risultati. La prima caratteristica di un simile modello è la flessibilità rispetto agli andamenti del mercato, che si esprime sul territorio nella capacità di fare rete e istituire un rapporto quasi simbiotico tra le singole aziende, in modo che ognuna fornisca un prodotto finito contribuendo alla produzione generale. Un sistema simile a un alveare, e dunque contrapposto a quello verticista, come la fabbrica fordista, in cui i rapporti tra i datori e i dipendenti sono mediati da infinite figure intermedie e ogni impresa concentra al suo interno l'intero processo, dalla materia prima al prodotto finito.

Le aziende da noi sorgono accanto alle case, molto spesso alle stalle, e ogni impresa è quasi uno «spin off» di altre: così il contadino che va a lavorare in fabbrica con i risparmi messi da parte aspira a costruire una sua azienda, mentre con l'aiuto della famiglia manda avanti il lavoro nei campi. Era questa la fotografia del Veneto negli anni settanta, quando si afferma la figura che viene chiamata dai sociologi «metalmezzadro», l'operaio che, terminato il turno allo stabilimento, si dedica al lavoro da agricoltore.

A garantire questa possibilità è una rete collaudata di solidarietà e complementarietà che aderisce a questa visione, come a voler sottolineare che il successo è il successo di tutti, se si dividono gli sforzi e si mettono in comune le competenze. E ciò malgrado gli anni settanta siano stati attraversati da una crisi profonda, a testimonianza del fatto che non necessariamente le crisi producono un arroccarsi nel proprio egoismo, né che la volontà di difendere il benessere consolidato sfocia in fenomeni localistici.

In quei primi anni si rivendicava un'autonomia assoluta, per cui molti, non avendo conoscenze di diritto costituzionale, parlavano di una separazione netta, coltivando il sogno di veder sorgere una realtà a sé stante, arrivando a immaginare addirittura un'ipotetica secessione. Senza voler giustificare nessuno, quell'atteggiamento era forse frutto dell'entusiasmo del momento per la consapevolezza acquisita delle capacità senza precedenti che il Veneto stava dimostrando. Quelle prime formule, sebbene caratterizzate da un'estrema sintesi, hanno contribuito ad aggregare un consenso, unire generazioni, portare avanti un movimento di opinione, preparando il terreno per elaborazioni più compiute e scientifiche, che sarebbero arrivate successivamente. Tenere alta l'asticella è stato utile, una via obbligata per raccogliere le idee e consentire a tutti di prendere coscienza del problema: dal cittadino che andava negli uffici pubblici e letteralmente non comprendeva l'impiegato, al professionista che vedeva il suo lavoro tradotto in tasse senza avere in cambio servizi adeguati.

Questo clima che negli anni settanta produce qualche segnale, nel decennio successivo prosegue ottenendo i primi risultati. Ma oggettivamente non si registrano exploit, finché ad aprire nuovi orizzonti non arriva quel ciclone storico-politico che va sotto il nome di Tangentopoli. I partiti che fino ad allora hanno dominato la scena nazionale si indeboliscono sotto i colpi di una crisi istituzionale che ancora oggi, a trent'anni di distanza, fatichiamo a inquadrare nella sua reale portata. In quel contesto, nuovi consensi si aggregano attorno a quei primi movimenti e segnano un'evoluzione dei principi nati intorno a quello originario di «padroni a casa nostra».

Dopo il crollo del comunismo, davanti al venir meno della rigidità imposta dal dualismo tra il blocco occidentale e quello sovietico, si riscontra la volontà di liberarsi dei vecchi schemi. Il terremoto giudiziario di Mani pulite fa nascere un sentimento diffuso di reazione: se l'immagine del centralismo è quella incarnata dalla magistratura nelle aule di tribunale di fronte al crollo dei partiti tradizionali, per tutti i partiti che rappresentano realtà territoriali si apre il varco per una perestrojka «di casa nostra». Nell'immaginario della gente la favola dello Stato centrale raccontata fino a quel momento si è tradotta in debito pubblico alle stelle, un assistenzialismo paragonabile a una flebo che alimenta continuamente una parte del paese, soprattutto cattiva gestione e tangenti. La comunità ha avvertito di doversi difendere e si è affidata a chi, nell'esperienza quotidiana e sul territorio, l'ha sempre difesa. È stato un grande banco di prova e allo stesso tempo una manifestazione di fiducia da parte di chi ha voluto consegnare a un movimento quell'enorme responsabilità.

Oggi il sentimento autonomista e identitario si è evoluto in senso nettamente federalista. Siamo partiti dalle catacombe culturali e politiche e siamo arrivati a disegnare un percorso scandito da varie tappe per giungere a un traguardo chiaro e condiviso. Il detto «*Paroni a casa nostra*» oggi si è trasformato da formula grezza e sintetica per trasmettere efficacemente un'idea a progetto articolato e coerente, comune e universale, un progetto di responsabilità da assumersi che si dimostra valido e attrattivo per tutte le regioni.

Il progetto autonomista, infatti, è l'opera ormai definita scolpita nel marmo. Con un ardito parallelo potremmo dire che, come Michelangelo giunse alla *Pietà* dal blocco di marmo eliminando il materiale in eccesso, anche per l'autonomia si è lavorato per sottrazione, giungendo a un risultato che oggi è leggibile senza scorie e ridondanze. Bisognava dare ordine e impostazione a un blocco informe di istanze di varia natura: il risultato è sotto gli occhi di tutti, un progetto che ha alle spalle quasi mezzo secolo di formulazioni, messe a punto, aggiustamenti progressivi.

La bozza della legge quadro di oggi, infatti, è frutto di un'idea che è stata elaborata, migliorata, sostenuta e difesa per cinquant'anni. Oggi non solo è riconosciuta l'istanza di un referendum celebrato il 22 ottobre 2017, ma anche il fatto che l'aspirazione all'autonomia è stata portata avanti caparbiamente, pacificamente e legalmente da un popolo nel più assoluto rispetto della Carta costituzionale e senza rappresentare una minaccia per nessuno. A questa crescita, naturalmente, ne corrisponde una altrettanto importante in termini di responsabilità.

Capisco che a molti possa sembrare un'anomalia constatare che c'è chi insiste per assumersi le proprie responsabilità e non molla la presa. Forse saremo fatti male, ma noi veneti non ci tiriamo indietro perché siamo dei *problem solvers* per natura.

Immagino già le critiche: ecco l'ennesima autocelebrazione di Luca Zaia a favore del Veneto. Altri invece potranno non crederci, convinti che i veneti davanti ai problemi siano come tutti gli altri. Io continuo a insistere che non è così.

Siamo riusciti a compiere un percorso perfettamente in linea con la Costituzione, con un progetto che i cittadini hanno approvato in massa andando a votare nel 2017. Una svolta che ci ha fornito la motivazione per andare avanti perché ha confermato che ormai il cuore è oltre l'ostacolo.

Molti politici contrastano le nostre aspirazioni, ma nessuno ammette che, se il referendum si fosse rivelato un flop, io e i miei compagni di viaggio saremmo andati a casa, spazzati via da una clamorosa bocciatura politica: non puoi governare se il popolo non ti segue.

L'adesione al referendum, al contrario, ha accresciuto la solidità del progetto, anche davanti a coloro che sostenevano che sarebbe stata sufficiente una delibera per legittimarlo.

Né si può dire che quel referendum sia stato una conquista da poco; tutt'altro, sudato e sospirato, abbiamo potuto celebrarlo solo al terzo tentativo. La massiccia affluenza alle urne ha privato l'iniziativa di qualsiasi connotazione partitica e tuttavia, ancora una volta, una certa politica ha perso un'occasione per tacere dando una pessima prova di sé.

Non è mai stata mia abitudine addentrarmi nelle polemiche politiche, ma devo ricordare che arrivare al referendum non è stata una passeggiata. Il Consiglio regionale nel giugno del 2014 ha votato una legge che prevedeva venisse indetta la convocazione referendaria. A sorpresa il governo di allora l'ha impugnata davanti alla Corte costituzionale cercando di impedire fino all'ultimo che i cittadini andassero alle urne. Dopo un anno la Consulta con una sentenza ha legittimato la legge veneta con il suo quesito referendario: «Vuoi che alla Regione del Veneto siano attribuite ulteriori forme e condizioni particolari di autonomia?».

Non pago di aver perso davanti alla Consulta, il governo successivo si è tolto l'ultimo sassolino dalla scarpa vietando l'uso ai cittadini della tessera elettorale. Un'ulteriore dimostrazione della ferma volontà di far apparire quella votazione priva di significato. Quella decisione si è rivelata controproducente, perché il provvedimento si è ritorto contro il suo stesso intendimento.

Il rispetto che nutro nei confronti dei cittadini mi ha spinto a escogitare un escamotage per conferire legittimità a una consultazione voluta dai cittadini stessi in assoluta coerenza con la Costituzione e con la legge: una ricevuta di voto.

Non temo di apparire esagerato nel confessare che mi capita addirittura di trovarla incorniciata e appesa in alcune case. Quel foglietto colorato, infatti, per molti è diventato una sorta di attestato, la prova di essere riusciti a esercitare un diritto superando l'ennesimo ostacolo imposto da chi avrebbe voluto impedire quella consultazione. Trovo che quel tentativo di bloccare una legittima richiesta popolare abbia segnato un punto molto basso per la nostra democrazia: in un paese civile e democratico non si nega la tessera elettorale ai cittadini, che chiedono semplicemente di esprimersi tramite una votazione legale e in linea con i principi fondanti della Repubblica.

Non ultimo, siamo stati persino costretti a coprire le spese per la presenza delle forze dell'ordine ai seggi. Un gesto vergognoso – che probabilmente verrà ricordato come uno degli ultimi colpi di coda di una Roma arroccata a oltranza nella difesa di uno statalismo figlio di un'unità nazionale male interpretata –, ulteriore testimonianza della grande battaglia dietro quel voto.

Quella battaglia ha avuto un esito inequivocabile. Alle 23 di domenica 22 ottobre 2017 si chiudevano i seggi aperti dal mattino: a chiedere l'autonomia erano due milioni 273.985 veneti, il 98,1% dei votanti. Per noi quell'alta adesione rappresenta l'evidente manifestazione della volontà di procedere su questa strada.

Non si può prescindere dal presupposto che l'autonomia sia stata votata dai cittadini veneti in un referendum avallato dalla Corte costituzionale. Questo significa che è in linea con la Costituzione e di certo nessuno può metterlo in dubbio, visto che ne ha confermato la legittimità anche il presidente della Repubblica, che della Carta costituzionale è il massimo custode.

Il centrodestra ha incluso l'autonomia nel suo programma e tutti i partiti dello schieramento l'hanno sostenuta: oggi è a portata di mano. Ma voglio ricordare che anche illustri esponenti veneti dei 5 Stelle, del Partito democratico e di altri soggetti si sono espressi a favore.

Ogni giorno, invece, si sentono voci di Soloni che lanciano le accuse più strampalate con toni da giudizio inappellabile. Questi benpensanti farebbero meglio a preoccuparsi della cattiva gestione che attanaglia tante aree del paese. Non mi risulta che i problemi che devono affrontare varie comunità siano causati dall'autonomia, che peraltro ancora non c'è. Se qualcuno si ritrova i rifiuti per le strade o vede i propri cittadini costretti per curarsi a spostarsi verso regioni con modelli sanitari più affidabili ed efficienti, il problema non è l'autonomia che quelle regioni chiedono, ma la cattiva gestione di altre. È l'assistenzialismo che qualcuno fatica ancora ad abbandonare, ma che non porterà da nessuna parte, mentre l'autonomia è l'unico volano per la ripartenza di questo paese.

Oggi siamo di fronte a quello che sembra quasi un gigantesco paradosso: sono i cittadini veneti che danno compimento alla Carta costituzionale. Sono loro a difenderla, perché chi è contro l'autonomia è contro la Costituzione. Affermare l'autonomia, infatti, significa prima di tutto rispettare la storia, applicare le indicazioni dei padri costituenti che già nel 1948 la prevedevano; non solo Luigi Einaudi. Anche un grande uomo del Sud come il siciliano don Sturzo che, nel 1949, diceva: «Sono unitario ma federalista impenitente».

Quando si insiste nel dipingere l'autonomia come una secessione dei ricchi a discapito delle regioni povere si fanno affermazioni contro la Costituzione. Mi rattrista che nelle comunità del Sud ci sia qualcuno impegnato a diffondere la falsa convinzione che, se passa l'autonomia differenziata, il Meridione morirà di fame. Non è così, per tante ragioni.

Se oggi ci sono realtà in cui ai cittadini non arriva l'acqua potabile, dove i rifiuti sono bruciati con roghi improvvisati sui terreni agricoli, non è certo colpa di un sistema federale delle autonomie regionali che deve ancora realizzarsi.

I cittadini, che da un lato già assistono all'ingrato spettacolo dei loro territori ridotti in quelle condizioni e dall'altro sono bombardati di messaggi da alcuni loro rappresentanti che prospettano la condanna alla miseria, reagiscono chiedendo le ragioni di una simile situazione. La risposta non potrà essere che il Nord ha più risorse. Se le regioni del Settentrione hanno realizzato da tempo il sistema della raccolta differenziata, non si deve al fatto che abbiano avuto più finanziamenti, ma alle scelte lungimiranti di amministratori che hanno saputo procedere anche contro la volontà popolare e che con il tempo sono stati premiati. Si può dire che in Veneto i cassonetti siano ormai scomparsi dalle strade a beneficio della raccolta differenziata grazie a un impegno delle istituzioni che è stato compreso dai cittadini e dunque è diventato la norma.

Lo stesso può dirsi in ambito sanitario. I veneti non godono di una sanità all'avanguardia e competitiva a livello internazionale perché hanno avuto più risorse a disposizione. Quando lo sento ripetere mi fa male, quasi fosse una sorta di recriminazione, e porto come esempio la decisione di istituire le Breast Unit negli ospedali veneti diversi anni fa. Si tratta di centri di senologia che garantiscono la presa in carico della paziente con tumore al seno dalla fase della diagnosi ai vari step della terapia e dei successivi controlli di follow up. Fino a quel momento, il tumore al seno era trattato nei reparti di chirurgia generale da medici sicuramente in gamba, ma che si occupavano contemporaneamente di più situazioni.

Dando ascolto alle pazienti e sulla base delle esperienze internazionali, come giunta regionale abbiamo deliberato l'istituzione delle Breast Unit, una scelta rivoluzionaria per l'epoca, che ha comportato non poche difficoltà anche nel confronto con i professionisti, alcuni dei quali nutrivano qualche perplessità di fronte a quella che veniva vissuta come un'«imposizione». Abbiamo lavorato molto, a cominciare dalla redazione di linee guida realisticamente applicabili, che oggi prevedono almeno centocinquanta interventi all'anno su tumori mammari in ogni Breast Unit.

Alla fine è stato varato un percorso utile a garantire che la paziente possa essere seguita in un contesto mirato alla cura della specifica patologia, dal momento in cui viene individuato un nodulo sospetto fino all'operazione e al termine del percorso terapeutico con visite periodiche. Oggi, oltre il 90% dei casi di tumore al seno rilevati in regione si conclude con un esito positivo. Elemento non secondario, per raggiungere questo traguardo non abbiamo speso un soldo di più, ma siamo intervenuti sulla gestione, ottimizzando i servizi già erogati.

Questa è la conferma di quanto sia importante l'assunzione di responsabilità e quali orizzonti di efficienza e cambiamento può prospettare per tutti conseguire l'autonomia.

Se qualcuno la teme, mi permetto di controbattere che spesso dobbiamo muoverci proprio in direzione delle scelte che più fanno paura, perché è imboccando queste strade che otterremo i risultati migliori. Non solo non si dovrebbe temere l'autonomia, al contrario: la si dovrebbe pretendere per la propria regione.

L'autonomia è figlia della Costituzione. Il nostro progetto non è frutto della ricerca di cavilli o di divagazioni giuridiche, perché la nostra Carta fondamentale è limpida a riguardo. Lo era fin dalla sua promulgazione nel 1947 e ancora più chiara si presenta dopo la modifica del titolo v del 2001. Tutt'oggi, però, la gestione del paese è centralista e quindi inadempiente nei confronti dei dettami messi nero su bianco dai padri costituenti.

È la Carta costituzionale che prevede si possa concretizzare l'autonomia differenziata che, come dice lo stesso termine, rappresenta un federalismo su misura, un «abito sartoriale», che possa adattarsi alle esigenze di ogni regione che desideri adottarlo. Prevede, infatti, la possibilità per tutte le regioni di sottoscrivere un'intesa propria con lo Stato in cui possono chiedere di gestire fino a ventitré materie, elencate in maniera puntuale nella Carta.

Finora il lavoro da parte nostra per costruire l'autonomia è stato incessante. Lo abbiamo portato avanti insieme ad altre regioni e in cinque anni abbiamo elaborato tutto quanto è di nostra competenza per raggiungere quello strumento flessibile che i cittadini si attendono per la loro regione.

Dal referendum veneto del 2017 sono passati cinque anni e cinque governi differenti a Palazzo Chigi e, nonostante da febbraio del 2020 la pandemia ci abbia imposto un impegno straordinario su molti altri fronti, abbiamo fatto diligentemente tutti i compiti, dagli approfondimenti giuridici alla valutazione degli aspetti fiscali, sempre con la convinzione che per noi si tratta di un obiettivo vitale. Un progetto «a saldo zero», perché non porta via soldi a nessuno, che accorcerà le distanze tra cittadini e amministrazione e assicurerà maggiore efficienza, garantendo con il medesimo impegno finanziario le competenze che al momento lo Stato gestisce sul territorio.

Il percorso è oggi giunto alla redazione della bozza di una legge quadro; questa sarà il punto di partenza per il lavoro da portare avanti con il nuovo governo. Un'evoluzione perfettamente aderente alla Costituzione e rispettosa del ruolo del Parlamento che sarà chiamato a valutarla. Questa legge, una volta approvata, fisserà i limiti e definirà l'ambito all'interno del quale ogni singola regione potrà redigere la sua intesa con lo Stato.

È il momento di una presa di coscienza generale. Il vero nemico dell'autonomia è la disinformazione che in alcuni casi la dipinge come una minaccia per il paese. Autonomia significa federalismo, un obiettivo di modernità che contraddistingue oggi i paesi più efficienti, mentre l'Italia continua a vivere arroccata nel suo modello centralista che, come diventa ogni giorno più palese, è uno dei grandi limiti che ne frenano il progresso. Impegnarsi per un futuro del paese basato sull'autonomia regionale non vuol dire contrastare l'identità nazionale o svilirla. Ci sono realtà squisitamente federali, come la Germania o gli Stati Uniti, in cui le identità territoriali non confliggono con quella nazionale, anzi, la rafforzano. Nella stessa Gran Bretagna, che in occasione della morte della regina Elisabetta è assurta a immagine planetaria di un radicatissimo sentimento di comunità, le autonomie sono una realtà indiscutibile.

Il federalismo è centripeto e il centralismo è centrifugo; il primo rafforza gli Stati, il secondo li disgrega.

I pessimisti non fanno fortuna. E io sono, per natura, portato a vedere sempre il bicchiere mezzo pieno. Ascoltando le dichiarazioni di tanti esponenti politici, anche tra quelli più scettici, riguardo il nostro progetto, ho l'impressione che nessuno senta di poter opporre un no categorico e assoluto all'autonomia. Sono poche le posizioni contrarie senza se e senza ma, forse frutto di convinzioni ideologiche particolarmente ottuse e soprattutto non fondate su approfondimenti o analisi. Eccetto queste ultime, colgo una maggiore disponibilità generale a comprendere le opportunità che offre un progetto degno di essere considerato la vera rivoluzione pacifica che i cittadini attendono e di cui c'è davvero bisogno. Un atteggiamento che fa ben sperare, perché significa che in quel progetto non si vede un pericolo per nessuno, ma se ne coglie il valore di grande opportunità per tutti.

Il timore della contrapposizione tra autonomia e identità

nazionale, infatti, è anacronistico. Il vero tema su cui ci si deve confrontare è se siamo o non siamo d'accordo nel disegnare un paese federale. Oggi la storia sta offrendo su un piatto d'argento al nuovo governo, emerso dalle elezioni del 25 settembre 2022, l'opportunità di segnare una tappa fondamentale per il futuro del nostro paese: scegliere tra il medioevo del centralismo e il rinascimento del federalismo, scongiurando l'alternativa di un disastro annunciato. Dovrà essere questo esecutivo a dimostrare di saperla cogliere fino in fondo. L'autonomia, infatti, prima o poi si raggiungerà e diventerà una realtà. Quel giorno decisivo passeranno alla storia sia coloro che, pur avendone avuto l'occasione, non saranno riusciti a dare compimento a un simile obiettivo, sia coloro che si saranno resi capaci di concretizzarlo, per la lungimiranza e, soprattutto, per aver consegnato al paese quella che è la vera grande opportunità affinché possa costruire una prospettiva di ripartenza.

9.
Per un nuovo patto sociale

Nella mia memoria di studente l'educazione civica non ricopriva una posizione determinante nei programmi scolastici, né influiva in modo sostanziale sulla valutazione di noi alunni. Di solito si accompagnava alla storia come fosse una sorta di «appendice» e della Costituzione si affrontavano al massimo alcuni articoli, i principi fondamentali contenuti nella prima parte. Di quella lettura, poi, l'unico che restava davvero impresso era il primo. Ripensandoci a distanza di anni, riemerge la netta sensazione che ci venisse illustrato solo perché eravamo una delle prime generazioni ad affacciarsi alla vita nell'Italia repubblicana e democratica. Quando sono nato, infatti, la Carta era entrata in vigore da appena vent'anni.

Declamare in classe che «l'Italia è una Repubblica democratica, fondata sul lavoro» e che «la sovranità appartiene al popolo, che la esercita nelle forme e nei limiti della Costituzione» era quindi un modo per ribadire che quella conquista recente era il frutto di grandi sacrifici, ma anche foriera di grandi speranze. Quei principi non solo si sarebbero dimostrati pienamente democratici ma anche estremamente innovatori, al punto che la nostra Carta fondamentale è ancora attuale e sembra non invecchiare.

Un risultato che appare ancora più straordinario, se ci si sofferma sui tempi e i modi con cui i padri costituenti sono arrivati alla stesura e all'approvazione del testo. Per questo ritengo che sia una grave mancanza non approfondire la storia della nostra Carta costituzionale, perché, ancora prima della lettura dei centotrentanove articoli che sono la sostanza del patto che ci lega come cittadini, il contesto da cui è nata è in grado di comunicare il valore di quella pietra miliare della nostra storia. Una riflessione a cui per primo non dovrebbe sottrarsi chi è chiamato ad amministrare la cosa pubblica, e che dovrebbe costituire un modello per acquisire sempre maggiore consapevolezza riguardo alle proprie responsabilità.

La Costituzione repubblicana è stata promulgata il 27 dicembre 1947 per entrare in vigore il 1° gennaio successivo. In appena un anno e mezzo di lavori dell'Assemblea costituente, eletta nel 1946 in concomitanza con il referendum per la scelta tra monarchia o repubblica, erano stati disegnati il profilo e le strutture di uno Stato completamente nuovo. Uniti in vista di un obiettivo, i padri costituenti hanno dato una grande prova di amore per il paese, ma ancor di più hanno manifestato un forte sentimento di responsabilità. E su quei valori fondanti l'architettura regge ancora oggi. All'epoca fu scelta una repubblica parlamentare imperniata su un bicameralismo perfetto in grado di impostare un rigido sistema di garanzie e di controlli. Un'esigenza particolarmente sentita, derivante senza dubbio dall'esperienza della dittatura che aveva soggiogato il paese per vent'anni. Oggi, a distanza di decenni, i tempi sembrano maturi per riaprire un dibattito sull'opportunità di una transizione repubblicana in chiave presidenzialista.

Ritengo sia una scelta che non può essere liquidata in modo sbrigativo, sulla base di ragioni ideologiche. Personalmente, non credo possa essere la via per una deriva autoritaria o che possa prefigurare l'ascesa dell'«uomo forte». Penso invece che il presidenzialismo sia un'opzione che debba essere considerata in nome dei valori della rappresentanza e della governabilità.

In Italia, infatti, esiste già un modello «presidenzialista» che si è dimostrato vincente. Sono le Regioni dove il presidente viene eletto dai cittadini contestualmente al Consiglio che compone l'assemblea legislativa. Sono i presidenti eletti che garantiscono la governabilità dei territori. Studiare modalità e tempi con cui i vantaggi di questo modello possano essere applicati a livello nazionale è un obiettivo da porsi. Permetterebbe di coinvolgere ulteriormente l'elettorato nella scelta della massima carica dello Stato che sarebbe anche il capo dell'esecutivo. Con ciò non voglio contestare né mancare di rispetto verso chi occupa o ha occupato quest'incarico, ma esprimere l'auspicio che la cittadinanza possa essere sempre più coinvolta come già avviene per i Comuni, non solo per le Regioni, in nome di una sempre maggiore sovranità popolare.

È proprio questo uno dei principi cardine che settant'anni fa fornirono la base per una ricostruzione da avviare insieme sulle rovine del quadro politico e sociale, in una situazione tra le peggiori della storia recente.

Il paese infatti era materialmente distrutto dalla guerra e dai bombardamenti a tappeto che avevano ridotto intere città a un cumulo di macerie. Regnava la fame, e si dipendeva dagli aiuti atlantici senza i quali le famiglie non sarebbero state in condizione di sfamarsi. Il tessuto sociale era sfilacciato, gli animi erano ancora divisi dal clima della guerra civile che aveva segnato la conclusione del conflitto, i risultati del referendum istituzionale confermavano quanto esile fosse lo scarto tra coloro che si sentivano ancora «sudditi», fedeli al re, e i «cittadini» repubblicani, e le accuse di brogli non contribuivano certo alla distensione.

Si era ormai delineata a livello nazionale la spaccatura tra blocchi politici capeggiati dai maggiori partiti, a cui si guardava come ai seguaci di un modello di mondo libero, da un lato, e a quelli di un modello comunista, dall'altro.

Nonostante la disfatta, il paese è uscito vittorioso dalla prova, mostrando una capacità di ripresa sorprendente che ha permesso di gettare le basi per superare una distruzione che ammontava a buona parte del patrimonio nazionale, per far fronte a un sistema di trasporti gravemente danneggiato dalla guerra, un'agricoltura in crisi, un deficit nel bilancio statale che avrebbe portato a inflazione e aumento dei prezzi, disoccupazione e crisi demografica.

Ripensando a quel periodo, e facendo un confronto con i tempi che ci è dato in sorte di vivere, sorge spontanea una domanda: è davvero necessario trovarsi davanti le macerie fumanti di un conflitto apocalittico, una comunità ridotta ai minimi termini, una ricchezza azzerata perché si riesca finalmente a lavorare tutti insieme con l'obiettivo del bene comune?

E com'è possibile, ancora, che dal crollo di quella che veniva chiamata Prima Repubblica siano passati trent'anni senza riuscire a trovare l'unità o anche solo la collaborazione necessaria per portare a termine almeno poche riforme, equivalenti sì e no a un decimo del lavoro fatto dai nostri nonni alla fine del secondo conflitto mondiale?

Eppure quello spirito che si è manifestato negli anni del dopoguerra non solo era sopravvissuto, ma avrebbe dato prova di sé anche restando nel nostro bagaglio culturale e di memorie. Come amo ripetere, ad esempio, per i bambini della mia generazione non era strano chiedere aiuto al vicino se mancava qualcosa in dispensa e, come ho già sottolineato, gli stessi negozi di generi alimentari nei nostri paesi erano una forma di cooperativa, che riprendeva una pratica sociale fondata sul principio della solidarietà.

Forse perché, indipendentemente dall'essere atei o credenti, tra i retaggi delle radici cristiane non era mai venuta meno l'idea di essere comunità. Certo, era un concetto di comunità che andava poco oltre il paese: sicuramente, come ho ricordato, nelle campagne della mia infanzia era più difficile che il sentimento di appartenenza arrivasse a comprendere il senso di una comunità più estesa. Ma era comunque presente uno spirito cooperativo che alimentava la voglia di aiutarsi a vicenda, di condividere e allo stesso tempo di ricercare il bene comune. Uno stato d'animo diffuso che non si limitava alla condivisione materiale e spicciola, ma si rifletteva anche nel fatto che il successo di qualcuno potesse diventare il successo di tutti.

Questo senso di coesione è il seme della nostra stessa vita sociale e si rivela ancora più importante oggi, di fronte a cambiamenti epocali, destinati a rivoluzionare la vita di un mondo occidentale che è sempre più povero, in cui i paesi si trovano davanti a debiti pubblici vertiginosi, alla sfida di nuove forme di migrazione completamente differenti da quelle che conoscevamo. Innanzitutto perché le distanze si accorciano sempre più. Quando da bambino andavamo in Cinquecento in vacanza nell'Alpago, era come arrivare dall'altra parte del globo; il viaggio per raggiungere il paese occupava quasi un'intera giornata, mentre oggi con l'autostrada ci si impiega meno di un'ora.

Erano gli anni successivi al boom economico, tutto era una novità, tutto era tecnologia, tutto era scoperta, pur in una realtà ancora totalmente analogica, le cui innovazioni erano molto lontane dal digitale di oggi e consistevano negli elettrodomestici, come la lavatrice o il televisore. Quest'ultimo, tra l'altro, trasmetteva immagini in bianco e nero che solo più tardi avrebbero conosciuto i colori. Ma era un mondo che cresceva, dove mettersi alla prova era più facile perché era più semplice prendere l'iniziativa.

Se non si fosse seminato bene in quegli anni, oggi probabilmente non saremmo la comunità delle seicentomila partite IVA, una Regione con un PIL di circa 180 miliardi di euro. La storia del Veneto terra di imprenditori nasce da lì, ma sono certo che il substrato sociale di solidarietà e appartenenza a una solida comunità sia stato fondamentale. Un mutualismo che si esprimeva in mille modi e in una collaborazione generale che, senza volerlo ma per necessità, costituiva anche un argine a quella forma di consumismo che oggi invece è iperaggressiva.

Si parla tanto di riforme, ci si compiace – giustamente – delle tante conquiste legate all'innovazione, e si continua a ripetere di dover ripensare il paese in chiave moderna. Ma poi non si agisce, e tutta quella serie di piccole e grandi rivoluzioni restano solo slogan.

Oltre alla guerra vera e propria, come quella che stiamo vivendo con il conflitto tra Russia e Ucraina e con le ricadute che ha prodotto, rischiamo di andare verso uno scontro sociale. Si avverte una tensione crescente e si sta riaffacciando una forma di malcontento che speravamo di non dover rivedere mai più, quella relativa al costo della vita, alla difficoltà di arrivare a fine mese, alle nuove povertà.

Queste ultime, in particolare, non sono prese nella giusta considerazione e si palesa una sostanziale incapacità di dare risposte adeguate. La soluzione, infatti, non può essere il reddito di cittadinanza. Lo sostengo in linea di principio ma anche sulla base di molte ricerche e dati che dimostrano come – nel modo in cui è concepito oggi – non solo non risulti efficace, ma troppo spesso finisca nelle tasche di persone che sono perfettamente in grado di misurarsi con il mercato del lavoro e sostenere un progetto di vita autonomamente, senza bisogno di sussidi.

Quello delle nuove povertà è un tema che va affrontato, non solo nell'esigenza immediata di rispondere alla mancanza di mezzi materiali, ma attuando strategie di lungo periodo capaci di prevenire le cause del disagio e dell'emarginazione. Tra le tante vittime di quella che papa Francesco ha definito «la società dello scarto» non ci sono soltanto gli homeless o chi ha scelto un percorso alternativo rispetto ai canoni sociali, ma persone integrate nella comunità che incontrano sempre più difficoltà e si ritrovano via via isolate. I genitori separati, che non solo vivono lontano dai figli ma spesso sono costretti a fare ogni tipo di rinuncia per garantire loro un futuro, novelli «equilibristi» dell'economia di sussistenza; o, ancora, persone che si ritrovano a dover assistere da sole un parente disabile o non autosufficiente. Situazioni che vanno ad aggiungersi a quelle di tanti lavoratori che fanno sempre più fatica a sbarcare il lunario. Secondo alcune rilevazioni statistiche, è addirittura il 10% della popolazione a vivere sulla soglia della povertà. Un dato che non può lasciarci indifferenti.

Il governo del nostro paese ha una missione fondamentale da compiere. Deve spegnere qualsiasi potenziale focolaio di malcontento ricorrendo a interventi sociali che siano effettivamente tali, e non rimangano lettera morta. Questo non significa promuovere un mandato governativo demagogico, che scada nel più bieco opportunismo, con il paradosso di pagare chi non lavora pur potendolo fare. Le scelte del governo devono essere rilevanti ma responsabili, tenendo presente che a innescare la rivalità sociale, molto spesso, sono i pregiudizi che muovono da idee ben radicate e che quindi vanno sradicati con una profonda azione, ancora una volta, di natura culturale.

La prima potenziale «bomba sociale» da disinnescare è il preconcetto verso chi produce ricchezza. Questa strisciante ideologia, che va diffondendosi sempre più, punta a screditare il ruolo di chi crea ricchezza nella comunità, partendo dal presupposto che dietro il benessere ci sia solo egoismo. A smentire questa convinzione ci sono migliaia di imprenditori, sia in Veneto sia in altre regioni, le cui azioni parlano da sé. Persone lungimiranti che con il loro successo non solo hanno garantito un posto di lavoro retribuito ai loro dipendenti, ma anche un ritorno importante, in termini economici e di immagine, per il territorio con investimenti di alto valore sociale a vantaggio del welfare, aziendale e generale. Penso, ad esempio, a Leonardo Del Vecchio, il patron di Luxottica, diventato un modello internazionale perché ai lavoratori ha garantito, oltre al trattamento economico dovuto, un sostegno alle famiglie unico nel suo genere, investendo peraltro in territori che nessuno avrebbe ritenuto adatti a ospitare grandi imprese e, ancor meno, multinazionali.

In Veneto, ma – ne sono certo – in molte altre zone del paese, si trovano imprenditori sempre pronti a rispondere ai bisogni della comunità, come i tanti nella nostra regione durante i giorni più bui della pandemia, quando le imprese sono state parte determinante nella raccolta di quasi 60 milioni di euro per far fronte all'emergenza.

Se faremo passare il messaggio che in questo paese chi crea ricchezza non è visto con favore o, addirittura, non è ben accetto, sarà una catastrofe per tutti. Chi si ostina a vedere nella ricchezza solo il «denaro sterco del demonio» perde di vista un punto cruciale: sono gli investimenti che creano occupazione e prospettive di benessere collettivo.

E dunque promuovere una corretta visione dell'attività imprenditoriale rappresenta, ancora una volta, un'esigenza culturale prima che la materia di un progetto di governo. È fondamentale far convergere, in vista di un obiettivo comune di crescita, entrambe le parti protagoniste di questo processo: chi produce ricchezza e chi da questa può aspirare a raggiungere il benessere.

Naturalmente si tratta di azioni e provvedimenti di lungo periodo, che guardano al futuro delle nostre famiglie e soprattutto dei nostri giovani. Se non sono loro i destinatari principali di ogni nostro pensiero, di ogni nostra azione, vuol dire che abbiamo già imboccato la via del fallimento.

Bisogna agire anche dall'interno delle strutture statali. Troppo spesso, infatti, si ha l'impressione che chi produce ricchezza sia considerato dall'apparato statale alla stregua di un bancomat, e non come la componente sociale che di fatto rappresenta il motore dell'economia. È ovvio che una mentalità del genere risulti tutt'altro che attrattiva per chi dovrebbe desiderare di investire nel nostro paese, avviandoci verso un destino di crescita zero. Un elemento già potenzialmente letale, che lo diventa in via definitiva quando si unisce a un'altra grave mancanza, quella della certezza del diritto. Questa infausta combinazione di fattori grava sul tessuto produttivo condannandolo a diventare sempre meno performante.

Di fronte alla giustizia tutti si augurano di poter dimostrare la propria innocenza, vedendo riconosciute le proprie ragioni nei vari gradi di dibattimento, è ovvio. Ma non è sufficiente. È fondamentale che questo non avvenga in tempi biblici e che l'accertamento di eventuali responsabilità si svolga nel rispetto della legge ma anche delle persone.

Se i tempi della giustizia sono infiniti, se i magistrati e il personale dei tribunali devono misurarsi con carenze croniche, se all'interno di una selva di leggi può succedere che un cittadino abbia contemporaneamente torto e ragione, non andremo molto lontano.

Purtroppo i rischi che il legittimo dibattito, quand'anche serrato, finisca per cristallizzarsi in nette divisioni sociali non mancano. Lo abbiamo visto accadere con il Covid e le vaccinazioni, con alcune manifestazioni che hanno riempito le piazze facendoci scoprire forme di contestazione nuove, figlie di un pensiero «alternativo» a quello tradizionale, a volte dagli accenti anarchici. Comportamenti che non possiamo permetterci di declassare come «illogici» o «irrazionali», ma di cui abbiamo il dovere prima di tutto di comprendere l'origine.

La vera sfida, infatti, è riuscire a garantire voce e rispetto alle idee di tutti come unica strada per rendere coesa la comunità, amalgamando le varie componenti, anche quelle in cui non ci riconosciamo ma che – è inutile nasconderlo – rappresentano parte della realtà di oggi. Si tratta di un compito che chiama in causa tutti, ciascuno a seconda del proprio ruolo nella società. Non è soltanto un dovere di chi governa il paese, ma di chi amministra così come di chi a vario titolo rappresenta gli interessi dei cittadini: sindacati, associazioni e via dicendo.

E bisogna farlo mantenendo i toni adatti al confronto. Non penso sia superfluo sottolinearlo, perché il dibattito politico ha già dato chiari segnali di degenerazione in questo senso, tanto che ormai non esiste più un'occasione di confronto che non arrivi a rasentare l'offesa personale, prestando il fianco a facili strumentalizzazioni.

È ovvio infatti che restituire l'immagine di una società avvelenata e rabbiosa sia molto più facile per i media che condurre serie indagini sulle cause del malcontento o sui provvedimenti per contrastarlo. Una contestazione netta e semplificata è più agevole da veicolare e produce maggiore adesione che raccontare qualcosa di positivo, dar conto di una svolta importante. La comunicazione e l'informazione svolgono con fermezza – giustamente – il loro compito di vigilare sul rigore e la trasparenza nell'amministrazione pubblica, ma non si può negare che stentino a registrare il consenso che pure esiste di fronte a fatti o provvedimenti amministrativi innovativi e importanti.

Non intendo propormi come un martire della causa nel riferire un episodio emblematico della mia esperienza, ma penso renda bene l'idea del fenomeno. Riguarda la sfida delle Olimpiadi di Milano-Cortina 2026, in cui ho creduto fermamente al momento di gareggiare per l'assegnazione e in cui credo altrettanto fermamente al momento di impegnarsi per arrivare preparati all'apertura della manifestazione.

È già previsto un miliardo di euro in investimenti e gli studi portati a termine dalle università prospettano un altro miliardo circa di PIL. Eppure, per molti, questo non rappresenta un valore, tutt'altro; diventa occasione per un fiume di accuse e illazioni, che poi si traducono in qualsiasi azione possa ostacolare il traguardo dei Giochi olimpici. Trovo incredibile che in vista di un simile appuntamento si ricada nelle solite polemiche figlie di una cultura serpeggiante, ma sempre più determinante in questo paese, che premia l'immobilismo. Sembra che il diritto all'oblio non sia più una garanzia prevista dalla legge ma sia diventata la massima aspirazione di tutti coloro che scelgono di non fare niente, sottraendosi alle proprie responsabilità. Conseguenza paradossale di questa forma estrema di malcontento è che il vero problema sembra sia l'amministratore che si impegna. E questo è il modo migliore per svilire, se non annientare, una classe dirigente.

Ognuno, com'è ovvio, è libero di pensarla in modo diverso, ma se per ogni cosa si avvia una contestazione solo per partito preso c'è il rischio letale che il paese, prima o poi, non abbia più una direzione e che si trovi di fatto senza chi governa i territori.

Non ci sono dubbi che nel nostro paese, a livello centrale, l'attenzione alle imprese abbia raggiunto i minimi storici, con il risultato che gli imprenditori si lamentano della politica. Ma quanti sono poi tra loro quelli che intraprendono la via della politica per occupare un banco in Parlamento o aspirano a un posto al Consiglio dei ministri?

Se ognuno ritiene di potersene chiamare fuori, senza sporcarsi le mani con i problemi, comodamente abbarbicato alle proprie certezze e ai propri pulpiti, da cui critica e sentenzia, non si farà che alimentare un altro equivoco che non giova certo alla crescita, ossia che il nostro paese manda i peggiori a governare.

Non voglio dire che la politica non abbia offerto negli anni spettacoli poco edificanti, ma che dobbiamo sfatare questo pregiudizio, e per questo dobbiamo sforzarci di cambiare il clima in cui si svolge il dibattito. La coesione sociale non può rafforzarsi finché il modello dominante rimane quello di una rissosa ricerca di polemiche senza dare risposte in prima persona.

Quante occasioni abbiamo ogni giorno, attraverso i media e i social, di toccare con mano che dietro ogni contesa c'è esclusivamente una lotta contro l'avversario. Non solo in ambito politico ma anche tra cittadini e persone comuni, che per beghe private approfittano delle nuove opportunità di comunicazione arrivando a offendere il prossimo, che magari nemmeno conoscono.

Da amministratore eletto – pur forte di una percentuale di voti pari a oltre il 76% – ho sempre pensato di essere chiamato a svolgere il mio ruolo anche per conto di coloro che non mi hanno votato. E questo non nell'ottica utilitaristica di recuperare il loro consenso, ma perché sento come un dovere quello di rispettarli e ascoltarli, dal momento che il mio compito è rappresentare anche loro.

Se non facciamo uscire il paese da quel circolo vizioso che lo fa apparire un Colosseo virtuale in cui c'è sempre qualcuno da dare in pasto ai leoni, ritengo sia non solo impossibile ma anche inutile parlare di futuro e di riforme. È per questo che la priorità deve essere quella di costruire un clima di pace sociale. Personalmente vedo, e temo, la brutta china che il paese sta prendendo, una deriva che possiamo scegliere di banalizzare e non valutare con la dovuta attenzione, legittimandola in modo indiscriminato in nome della libertà di critica, oppure possiamo decidere di affrontare la realtà dei rischi che si presentano. La questione, infatti, non è che ognuno sia libero di criticare, ma se è la critica l'unico atteggiamento possibile, quali motivazioni sociali riusciranno a resistere sotto i colpi di un pensiero unico dominante che comunica al cittadino il messaggio per cui dietro l'angolo c'è sempre qualcuno pronto a fregarlo? Se poi quel qualcuno è facilmente identificabile perché riconosciuto in un'istituzione, l'atto di fiducia su cui si fonda il patto di convivenza sociale perde ogni consistenza.

Pensiamo a una situazione in cui il personale medico del nostro ospedale sia continuamente oggetto di una campagna diffamatoria di delegittimazione professionale. Chi accetterebbe di curarsi più in quell'ospedale?

Ritengo sia questo il vero tema da cui ripartire. Una ricerca di punti in comune e di dialogo indispensabile, perché non riusciremo mai a venir fuori dai problemi in cui il paese è impantanato se non saremo comunità, se, nel rispetto delle idee differenti di tutti, non troveremo un obiettivo condiviso.

In occasione delle ultime elezioni politiche, uno spot istituzionale veniva trasmesso in tv più volte al giorno per invitare i giovani a votare. Ricordava a tutti che nella disaffezione generale verso le urne, quella dei giovani è la più preoccupante. Non avrebbe senso, tuttavia, spronare i ragazzi se noi adulti non ci ponessimo il problema del perché loro fuggono dalla politica, perché nei movimenti e nei partiti non c'è più quella partecipazione giovanile entusiasta che nei decenni scorsi era il sale dell'attività. Tra tante altre motivazioni, non ci sarà forse anche il fatto che in molte serie tv, film o nel dibattito quotidiano la figura non solo del politico in generale ma anche dell'amministratore – un qualsiasi sindaco o altro rappresentante – è spesso connotata negativamente? Nel migliore dei casi viene raffigurato come un incapace, se non un farabutto. Un'immagine che a lungo andare svilisce e annulla anche le più salde aspirazioni delle persone per bene che si sentono spinte ad assumersi responsabilità nella gestione della cosa pubblica.

Questo è solo uno degli aspetti della china autolesionista su cui si è avviato il paese. Una direzione che dal mio ruolo vedo destinata a pesare nell'azione di governo, che si fonda anche sulla reputazione e la credibilità della persona a cui viene delegata la gestione del bene comune.

A chi mi contrappone gli esempi oggettivamente inqualificabili che la politica ci ha fornito, penso di poter replicare citando le migliaia di amministratori che a tutti i livelli, a cominciare da un esercito di sindaci, ogni giorno operano mostrando una totale dedizione alla loro comunità, incuranti dei sacrifici oltre che della poca considerazione a cui il loro immane lavoro è destinato.

La sacrosanta denuncia e condanna di casi moralmente riprovevoli, quando non penalmente perseguibili, che purtroppo emergono dalle cronache non può andare a scapito del lavoro svolto dalla maggioranza silenziosa. È come se a fronte di sacerdoti che si comportano male, di medici che violano la deontologia, di giornalisti che diffondono notizie false, venissero denigrate senza possibilità d'appello tutte le rispettive categorie. Certamente questi casi ci sono, ma altrettanto certamente non sono la maggioranza.

«Tempi difficili creano uomini forti, uomini forti creano tempi facili; tempi facili creano uomini deboli, uomini deboli creano tempi difficili» recita un proverbio arabo. È una brillante sintesi della relazione tra ricorsi storici e coloro che sono chiamati a governarli. Parole che mi sono venute in mente apprendendo da un articolo che molti dei padri costituenti, nei mesi in cui lavoravano alla redazione della nostra Carta fondamentale, arrivavano a Montecitorio in tram. Certo, è facile ribattere che all'indomani della seconda guerra mondiale la povertà, o comunque una tendenza a non ostentare eventuali vantaggi, fosse diffusa a tutti i livelli. Ma al di là dell'esempio materiale, ciò che vale la pena sottolineare è l'idea che quella scelta simboleggia, ossia il ruolo al servizio della comunità posto al di sopra di qualsiasi altra cosa e condiviso dal popolo non solo con apprezzamenti formali ma con una piena e importante partecipazione alla vita politica.

La seconda guerra mondiale aveva rappresentato un «cigno nero». È vero, oggi non abbiamo macerie fumanti fuori dalla porta di casa come in quel terribile dopoguerra, ma di nuovo compaiono alle porte dell'Europa. La guerra tra Russia e Ucraina è vicina geograficamente e si manifesta anche in ripercussioni dirette sulla nostra vita e sul nostro benessere, oltre a costituire un dramma umanitario. Allo stesso modo, sebbene non siamo più sotto scacco, si fanno sentire pesantemente i colpi assestati da una pandemia che da oltre due anni ci obbliga a misurarci con le sempre diverse manifestazioni del contagio da Covid-19 e che solo al Veneto è costata oltre quindicimila morti.

Sono eventi storici che impongono una ripartenza. Che ci chiedono di ridurre al minimo le polemiche a cui ho accennato e che tante ferite infliggono alla nostra comunità.

Per questo non esito a dirmi convinto che la pace sociale corrisponda per noi a quella sfida che per i nostri nonni è stata la Costituzione. Se non riusciremo a raggiungere questo obiettivo, il rischio è che si apra un conflitto trasversale tra ricchi e poveri, tra destra e sinistra, tra istruiti e non istruiti, tra lavoratori e disoccupati.

Non credo di essere preda di un facile ottimismo quando dico che possiamo farcela. Fosse anche solo per il fatto che lo abbiamo già vissuto, e la nostra storia è lì, a dimostrare che come popolo non c'è stata prova che non abbiamo superato, che non c'è sfida davanti a noi che non siamo in grado di vincere attingendo all'esperienza degli ostacoli che la nostra comunità ha saputo lasciarsi alle spalle.

Indice

Stampato da
Grafica Veneta s.p.a., Trebaseleghe (PD)
per conto di Marsilio Editori® in Venezia

«Gli specchi Marsilio»
Periodico mensile n. 344/2022
Direttore responsabile Giuseppe Lupo
Registrazione n. 1333 del 15.06.1999
Tribunale di Venezia
Registro degli operatori di comunicazione-ROC n. 6388

EDIZIONE	ANNO
10 9 8 7 6 5 4 3 2 1	2022 2023 2024 2025 2026